非洲译丛

"十二五"国家重点出版物出版规划项目

刚果的风俗与文化

〔刚果〕T. D. 孟盛马 著

胡文佳 译

民主与建设出版社
·北京·

© 民主与建设出版社，2018

图书在版编目（CIP）数据

刚果的风俗与文化 /（刚果）T. D. 孟盛马著；胡文
佳译. —北京：民主与建设出版社，2018.12
ISBN 978-7-5139-0844-3

Ⅰ.①刚…　Ⅱ.① T…　②胡…　Ⅲ.①刚果—概况
Ⅳ.① K946.4

中国版本图书馆 CIP 数据核字（2015）第 246220 号

版权登记号：01-2015-7121

刚果的风俗与文化
GANG GUO DE FENG SU YU WEN HUA

出 版 人	李声笑
著　　者	（刚果）T. D. 孟盛马
责任编辑	程　旭
封面设计	逸品书装
出版发行	民主与建设出版社有限责任公司
电　　话	（010）59417747　59419778
社　　址	北京市海淀区西三环中路 10 号望海楼 E 座 7 层
邮　　编	100142
印　　刷	北京文昌阁彩色印刷有限责任公司
版　　次	2018 年 12 月第 1 版
印　　次	2018 年 12 月第 1 次印刷
开　　本	880 毫米 ×1230 毫米　　1/32
印　　张	8.5
字　　数	182 千字
书　　号	ISBN 978-7-5139-0844-3
定　　价	45.00 元

注：如有印、装质量问题，请与出版社联系。

出版说明

　　中国与非洲相距遥远，但自古以来，两地人民就有了从间接到直接、从稀疏到紧密的联系，这种联系增进了两地人民的沟通与了解，为两地的发展不断发挥着作用。特别是20世纪中叶以来，因为共同的命运，中国和非洲都走上了反殖民主义革命与争取民族独立的道路，中非之间相互同情、相互支持，结下了深厚的友谊。迈入新世纪以来，随着我国经济的发展，中非经贸关系日益深入，及时了解非洲的政治、经济、法律、文化的情况当然也就具有十分重要的现实意义。

　　有感于此，我社组织翻译出版这套《非洲译丛》，所收书目比较全面地反映了非洲大陆的政经概貌以及过去我们很少涉及的一些重要国家的情况，涵盖多个语种，具有较强的系统性和学术性，意在填补我国对非洲研究的空白，对于相关学术单位和社会各界了解非洲，开展对非洲的研究与合作有所帮助。

　　译丛由北京大学、中央财经大学、浙江师范大学、湘潭大学等国内非洲研究的重镇以及国家开发银行、中非基金等单位组织，由非洲研究专家学者遴选近期国外有关非洲的政治、经济、法律等方面有较大影响、学术水准较高的论著，汇为一编，涵盖政治、经济、法律等七个方面的内容，共约 100 种图书。

对于出版大型丛书，我社经验颇乏，工作中肯定存在着一些不足，期待社会各界鼎力支持，共襄盛举，以期为中非合作做出贡献。

民主与建设出版社

2014 年 8 月

目录

致　谢

　　本书能够付梓，得益于多人的贡献。刚果金沙萨大学的什恩扎·姆比耶教授和美国佐治亚州亚特兰大莫里斯·布朗学院的什班古·马什达教授分别给了我很多有关刚果媒体和文学的资料。这些法文资料在美国都难觅其踪。还有其他数不胜数的个人，通过面谈或文字材料与我分享了刚果文化的方方面面，我在各章的注释里会详细提及。还有一些个人授权我使用他们私人藏品的照片。佐治亚州奥古斯塔培恩学院的马齐迪·库—恩提马教授执笔第八章（音乐和舞蹈）中有关刚果现代流行乐的部分。我的妻子，佐治亚州亚特兰大摩尔豪斯学院伊达·卢索·穆肯戈教授承担了编辑注释、参考书目和部分正文的工作。我的儿子，什姆波·穆肯戈是专业摄影师，他负责处理其中的照片。我的女儿们，恩达亚、姆阿迪和马隆郭也在方方面面给予了帮助。诚挚感谢上述各位。

1

大事年表

500　日后建立库巴王国的群体形成。

520~845　日后建立卢巴帝国的群体形成。

1275　据推测，尼米·阿·卢可尼·倪提奴·文内在此时建立了刚果王国。

1482　葡萄牙航海家高迪哥抵达扎迪河口。扎迪河日后被称为刚果河，在蒙博托独裁统治时期也被称作扎伊尔河。

1491　首批天主教传教士抵达刚果王国。

刚果马尼（刚果国王）晋佳·恩库武及其宫廷成员接受洗礼。之后国王被称为晋佳·恩库武·钊一世。葡萄牙船只将首批非洲奴隶送往美洲。刚果政治和社会结构瓦解。

16世纪　宋耶移民建立卢巴帝国，由孔各洛·瓦姆巴领导。

葡萄牙人把刚果列为保护国。

奴隶贩子在刚果王国和安哥拉驻点。

17世纪　荷兰人控制了刚果河口的圣多美港和罗安达的圣保罗港。

意大利圣方济会托钵僧传教士加紧在刚果王国传福音。

恩伊米·乌特建立卢巴王国。

卢巴移民迟宾达·易伦家建立卢巴帝国。

19 世纪 苏丹来的赞德武装入侵日后成为刚果的东北地区。

1815 内比姆巴里在东北地区建立了芒贝图王国。

1816 英国探险家土耳其（Turkey）沿刚果河逆流而上抵达亚拉拉瀑布。

1869 姆西里在东南地区建立嘎伦嘎泽王国。

1874~1878 亨利·莫顿·史丹利到刚果河探险，他从东到西顺流而下直至河口。

从桑给巴尔来的奴隶贩子渗透到雨林区域，驻扎在卢拉巴（Lualaba）西部。

1876 比利时国王列奥波德一世在布鲁塞尔召开国际地理学大会，会议催生出非洲国际协会，该组织的目的在于将非洲置于欧洲高贵的宗教文明权威之下。

1878 列奥波德二世国王与史丹利达成协议，允许他代表国王与当地酋长就纳贡条约进行协商。

1880 天主教传教士在波马开办第一所儿童学校。

1882 比亚·法郎其·科内的地理探险证实在卡唐迦地区存在矿藏。

1883 刚果改名刚果国际协会（AIC）。

1884~1885 柏林会议上，AIC 再次变更为刚果自由国。

列奥波德二世国王成为刚果的唯一所有者。

刚果宣布其国门向国际自由贸易敞开。

刚果自由国被传教士们瓜分为不同的行政区域。

1888　共和国军（殖民军队）成立。

1889　列奥波德二世宣布所有闲置土地均为国有资产。

1891　在国有土地上大肆掠夺象牙、采伐橡胶和自然作物。

1895　共和国军在卢卢阿堡的一个火车站发生暴动。

1897　为了殖民宗主国及其公司的利益，殖民者开始强迫农民种植经济作物（可可、棉花）。

1898　马塔迪—列奥波德维尔铁路通车。

1903～1904　在英国，改革协会谴责列奥波德二世虐待刚果人民。

1904　建立调查委员会，专门调查刚果自由国中与橡胶收割相关的虐待行为（残害劳工、作为人质等）。

1906　比利时吞并刚果自由国。

1908　刚果自由国正式成为比利时的殖民地。

1911　卡唐迦—南非铁路通车。

1913　工业用铜矿的掠夺开始。

在卡塞发现钻石。

1916　殖民政府对刚果劳工采用现金工资制度——现金纳税的基础。

1917　在马年巴开始种植棉花。

在卡塞开始掠夺钻石。

1920　殖民部长路易·弗兰克勾画了一幅重组酋长制度和传统法院的蓝图，旨在建立一种被称为区块的行政实体。

1921　金邦教派运动在下刚果地区发展。

1925　伊斯兰教在马年巴地区发展。

奇塔瓦拉暴乱运动开启了驱逐白人压迫者的序幕。

1928 巴斯—刚果—卡唐迦铁路项目启动。

1931 农民收入锐减,巴彭得暴乱爆发。

1933～1934 刚果行政区划改革,推行区块系统,建立新的省级行政区(卡塞和基伍),由此,刚果行政区达到 6 个:刚果—卡塞(后成为刚果列奥波德维尔)、赤道省、卡塞省、卡唐迦省、基伍省和东方省。

1935 官方规定强制劳动/强制耕种天数为每年 60 天。

1939～1945 在保罗·李克曼部长领导下,刚果人民为战争提供协助。

1941 刚果工人首次罢工在贾多特维尔(利卡西)和伊丽莎白维尔(卢本巴希)爆发,但遭到血腥屠杀和镇压。

1942 每年强制劳动时间延长到 120 天。

1944 由于大量雇佣劳动力、工作环境恶化,卡唐迦和卡塞工人暴乱爆发。

卢卢阿堡(卡唐迦)殖民军队暴乱(共和国军)。

1948 工人罢工权利得到认可,法定最低工资得到确认,金沙萨公共交通开始运营(弗拉弗拉卡车)。

1950 巴孔郭联盟成立。

1951 非洲觉醒组织成立。

1954 鲁汶大学在列奥波德维尔(金沙萨)成立。

1955 比利时国王博杜安访问刚果并宣布一项 30 年计划,旨在将刚果和比利时联合为一个实体。

殖民地部长奥古斯特·布塞特创建 3 所公立学校,促进刚果人民逐步进入行政管理岗位。

1956　非洲觉醒组织拒绝比利时—刚果联合实体方案，但支持 30 年计划，只要刚果人民参与实施这一计划。

ABAKO 批评这项计划，呼吁立即给予刚果人民基本自由。

刚果国立大学在伊丽莎白维尔成立。

刚果首支国家足球队成立（狮子队），日后（1966 年）成为猎豹队。

1958　首次市级选举在列奥波德维尔和伊丽莎白维尔举行。

帕特里斯·卢蒙巴建立刚果人民运动（MNC）。同年，卢蒙巴出席在加纳阿卡召开的泛非大会。

1959 年 1 月 4 日　殖民政府在最后一刻取消了 ABAKO 主席约瑟夫·卡萨武布召开的政治会议，导致金沙萨人民暴动抗议。

博杜安允诺将带领刚果走向独立，并于 12 月实现普选，完成市政委员会组阁。

6 月 23 日　ABAKO 要求建立刚果共和国。

12 月　卡塞制定军事法，结束卢巴人和卢卢瓦人之间的敌对。

ABAKO、非洲统一党（安特瓦内·金曾嘎翼）、刚果民主运动（阿尔伯特·卡隆基和约瑟夫·伊列奥翼）联合要求在布鲁塞尔召开圆桌会议，讨论刚果独立期间的过渡问题。

1960 年 1 月 29 日　参加圆桌会议的刚果代表要求释放帕特里斯·卢蒙巴并参加会议。刚果计划 1960 年 6 月 30 日独立。有关经济方面的准备工作圆桌会议预定于 2 月召开。

5 月　比利时议会通过《未来刚果国宪章》。

帕特里斯·卢蒙巴的政党 MNC 以相对优势赢得立法选举。

6 月　约瑟夫·卡萨武布成为刚果总统。

6 月 23 日　帕特里斯·卢蒙巴被提名为总理。

6 月 30 日　刚果独立。比利时官员离开刚果。

比利时—刚果成为刚果—利奥波德维尔。

1960 年 7 月　独立不到一周，军队就在前殖民共和国军比利时军官的煽动下暴动。

卡唐迦和南卡塞宣布脱离刚果。

陆军上校约瑟夫·蒙博托逮捕帕特里斯·卢蒙巴，用武力夺取政权，由技术人员组成临时政府，称为行政院。

1961 年 1 月 17 日　帕特里斯·卢蒙巴被暗杀，成为蒙博托、分裂分子、比利时和其他西方国家阴谋的牺牲品。

北卡唐迦叛乱。

1964　在雇佣军和比利时部队的帮助下，各省份的叛乱得到平息。

卡唐迦省分裂头目莫伊兹·冲伯成为刚果总理。

刚果—列奥波德维尔改称刚果民主共和国。

1965　蒙博托再次掌控军队，自称第二共和国总统，渐渐去除了各类虚幻的民主，自封为刚果的至上主宰。

1966　在彭特科斯特，蒙博托下令绞死 4 位政治家，显然他们没有什么犯罪记录：杰罗米·阿纳尼、依玛奴艾·班巴、艾瓦李斯特·金巴和亚历山大·马哈巴。

1970　蒙博托的政党 MPR 成为全国唯一的政党，所有刚果人都是其党员。

1971　刚果民主共和国改称扎伊尔共和国。

所有公民都被迫改用真正的刚果名字，而不用欧洲式的名字。

1973～1975 为了照顾效忠政党的党员的利益，刚果将外资小企业收归国有，其结果是经济环境日益恶化。

1977 国际市场铜价暴跌，扎伊尔主要外汇来源崩塌。

流亡在安哥拉的前卡唐迦宪兵入侵南沙巴（沙巴 I），借助外国援助（法国、摩洛哥）才将其驱逐。

1978 流亡在赞比亚的卡唐迦人第二次入侵沙巴（沙巴 II）。外国军队再次前来营救蒙博托政权，这次伸出援手的是泛非维和部队。

部分军官、平民遭到清洗、处决，据称他们曾参与了一场军事政变未遂。

1980～1988 经济危机加剧，强大的政治反对势力浮出水面，反对派领袖被逮捕，国际特赦组织加大对刚果侵犯人权的谴责。

1989 金沙萨和卢本巴希学生游行，导致 37 名学生丧生。

1990 金沙萨和卢本巴希爆发新的起义，遭到更残忍的对待，根据总统蒙博托的命令，总统护卫队据称杀害了 150 多名学生。

新的法律颁布，允许政党和贸易联盟存在。压迫持续。

1991～1993 蒙博托允许其他政党存在，导致政党泛滥。

蒙博托召开国民会议，就民主机构进行详细说明，亲民主辩论愈演愈烈。

经济危机加剧，民众抗议不断，政府的镇压措施越来越经

常化：1991 年，在姆布基—马伊有超过 42 人被杀害；1992
年，在金沙萨有超过 30 人在基督教三月被杀害，5 人在民众
反叛运动中被杀；1993 年，在金沙萨有超过 65 人在军队叛乱
中被害。

国民会议断断续续召开。

部分短命的危机政府此起彼伏。齐塞凯迪、蒙哥·迪亚
卡、恩古斯·卡尔·Ⅰ·邦德和佛斯汀·比林达瓦。

国民会议改名主权国民会议，之后又成为共和国最高理事
会，有 453 名成员。

1994 ~ 1995 动荡持续。高官将 30 吨扎伊尔假币投入市
场流通。经济衰退加剧。蒙博托废除共和国最高理事会。

蒙博托任命肯郭·瓦·恩栋多为总理。共和国最高理事会
以共和国最高理事会—过渡议会（HCR-PT）的名字再次
出现。

社会动荡加剧，命案增多：1995 年有 9 位平民被安全部
队强杀。

1996 ~ 1997 蒙博托在瑞士接受癌症治疗。形势失控，
肯郭政府无力处理：在刚果北部和基伍地区，卢旺达胡图族难
民试图与当地胡图族人以及扎伊尔空军部分人员联合驱逐长期
盘踞在当地的图西族居民（班亚姆楞戈）。

班亚姆楞戈接到离开南基伍地区的指令后，联合了其他图
西族人，并在卢旺达和乌干达军队的支持下予以还击，并用武
力占领了当地。

持不同政见者与图西族一起在卡比拉（1960 年以来蒙博
托的反对者）的领导下以联军（AFDL）的名义攻打蒙博托

政权。

1997 蒙博托返回扎伊尔，但其军队已无力阻止反对派前行的步伐。

什社科迪取代肯郭·瓦·恩栋成为政府首脑，几天后就被利卢利亚·博龙郭将军取代。

5月16日 由于无法阻止反叛之火，蒙博托离开刚果，流亡摩洛哥，并于当年9月死在摩洛哥。

5月17日 AFDL军队入侵金沙萨。

1997年年末 卡比拉自称刚果民主共和国总统，解散了除司法系统外的既存政治机构。

民众游行抗议压制政治机构，但被镇压。

军队派系之间纷争爆发。

1998 联合国报告确认胡图族难民遭到AFDL及其图西族联盟的屠杀。

一个反对卡比拉的叛乱组织——刚果民主联盟（RCD）联合了卢旺达和乌干达军队，从东面开始攻入，尝试夺取马塔迪、印嘎水电站及首都金沙萨。安哥拉、纳米比亚和津巴布韦派出大量军队才将其驱逐。在东部地区，叛军控制的土地仍在扩大。一个新的组织——刚果解放军队（MLC）加入了反叛的队伍。

战争和政府军、叛军及其卢旺达、乌干达、布隆迪的盟军犯下的暴行，致使成千上万战区平民无家可归。

1999 政府批准公开的政治活动，允许新的政党注册，呼吁大家就刚果的未来参与政治讨论。

卡比拉解散了他的独党——刚果—扎伊尔解放民主力量联

盟（AFDL），取而代之的是人民力量委员会。

7月 在赞比亚的卢萨卡召开会议，实施停火协议（卢萨卡协定）。刚果、安哥拉、纳米比亚、津巴布韦、卢旺达和乌干达签署了卢萨卡协定。

8月 反对派签署卢萨卡协定。

联合国特别使团访问刚果，表达对战争中的各派力量践踏人权的担忧。

2000～2001 各方持续违反卢萨卡协定。

卡比拉于2001年1月8日被暗杀。他的儿子约瑟夫·卡比拉被任命为接班人。

第一章　概　况

刚果以其辽阔的国土面积、庞大的水网系统，丰富多样的动植物种类以及看似取之不尽的矿藏资源而闻名于世。刚果的历史囊括了远古世界一切所知的政治和社会组织，而其近代历史却折射出当代非洲在社会经济与政治发展中面临的挑战。

地　理

"刚果"这个词既可以指代当今中部非洲的两个国家，即刚果共和国［刚果（布）］和刚果民主共和国［刚果（金）］，也可以指代刚果（金）与刚果（布）的界河——刚果河。刚果（金）、刚果（布）和刚果河的名字皆源自古代非洲盘踞在刚果河口的刚果王国，其国土涵盖今天刚果（金）和刚果（布）的接壤地带和安哥拉北部地区。

刚果（金）是一系列"刚果"中最晚出现的名字。从1885年到1908年，它曾被称为刚果自由国。之后，它称为比（利时）属刚果。1960年6月30日独立时，它改名刚果共和国。它曾被称为刚果—利奥波德维尔，以示与同名的刚果共和国［刚果（布），前法国殖民地］——刚果—布拉柴维尔有所区分。1964 年，刚果—利奥波德维尔改名为刚果民主共和国。这是个名不副实的名字，因为这个国家从未真正地践行民主。1971 年，独裁者蒙博托·塞塞·塞科（Mobutu Sese Seko）将国家改名为扎伊尔。1997 年，蒙博托的继任独裁者洛朗·德西雷·卡比拉（Laurent Desire Kabila）重新恢复了刚果民主共和国的名称。

刚果（金）是中部非洲的大国，国土面积达905 063平方英里，是非洲第三大国，面积仅次于苏丹（967 247平方英里）和安哥拉（915 541平方英里）。刚果（金）的邻国有：西临刚果（布）（刚果共和国），北接中非共和国，东北是苏丹，东依乌干达、卢旺达、布隆迪和坦桑尼亚，东南紧邻赞比亚，南靠安哥拉。

刚果河盆地水系网

刚果河盆地水系网也许是刚果地理上最为叹为观止的特征了①。该水系网络包括刚果河、主要支流及其补给水源以及难以计数的小河流和湖泊。

河流　刚果河盆地占地面积达 146.7 万平方英里，几乎覆盖整个国家。作为这个庞大水系网核心力量的刚果河全长 2 914英里，是世界第五长河，其长度仅次于尼罗河、亚马孙

---

① 刚果地理信息摘自希拉迪奥·迪亚罗，《今日扎伊尔》，第 3 版（巴黎：J. A. 捷豹出版社，1989）；《世界国别地理图集》，第六次修订版，1995；以及《哈蒙德国际地图集》（马普伍德，纽约：1971）。

河、密西西比河和长江；径流量全世界第二，仅次于亚马孙河。刚果河从右向左流经整个国家，支流遍布全境，有些支流甚至来自于邻国安哥拉和刚果（布）。其最北端的支流——维莱—乌庞其河，可能是所有支流中最长的一条，其长度仅次于刚果河本身。另一条主要支流卡塞河远在南方，以其自己的主要和次要支流的重要性和复杂程度而著称。

湖泊 史前时代大洋退出陆地，留下8个湖泊，分别是：国土西部的同巴湖和马多美湖、中部的孟侃巴湖和弗瓦湖以及东部的莫洛湖、基萨拉湖（Kisala）、乌鹏巴湖（Upemba）和邦戈韦卢湖。最为重要的、管理得比较好的湖泊主要是集中在大湖区的高山湖泊：爱德华湖（艾敏湖）、阿尔伯特湖（莫布图湖）、基伍湖以及汤甘易加湖。其中汤甘易加湖面积最大，达12 700平方英里；最大深度达4 823英尺，是仅次于西伯利亚贝加尔湖的世界第二深湖。基伍湖是非洲海拔最高的湖泊，海拔约为4 593英尺（原文为英里，应该为笔误）。爱德华湖和阿尔伯特湖都是尼罗河的水源补给，两湖泊之间有塞米利基河相连。

河道运输与渔场 湖泊和大河可供轻舟和大小型船只进行长途运输。刚果河及其支流可通航里程达8 783英里。但是，刚果河上陡峭的瀑布急流时常会阻碍航行。比如，卢拉巴/刚果河从布卡玛到康戈洛可航行里程是397英里，从卡松戈到基彭波是68英里，从钦都到乌彭都是191英里，而从基桑贾尼到金沙萨是455英里。从金沙萨顺流而下，伊卡瀑布愈发阻断了航行。

刚果的河流和湖泊是各种鱼类的天然栖息地。莫洛湖以其鱼类储量大而闻名，而班顿都湖作为萨拉米塔的渔港而著称。

4

除此之外，还有大量的其他生物栖息在这些河流和湖泊中，包括很多哺乳动物（诸如河马）和两栖动物（比如乌龟），还有鸟类、爬行动物和昆虫。班顿都湖附近的博兰格就是一个著名的渔村，还有数不清的其他水生动物，包括大量的河马。

能源储备 刚果河谷的水系网形成了全世界逾 13% 的水电储备。其中最强劲的当属下刚果省的刚果河伊卡瀑布。伊卡大坝曾有望成为非洲最大的能源来源，惠及整个非洲大陆。遗憾的是，由于刚果领导层和国际财团缺乏政治意愿和责任意识，这个美梦并没有如期而至。同样著名的还有刚果河上位于基桑贾尼以南的博约马瀑布（曾经被称为史丹利瀑布）。卢飞拉河瀑布位于沙巴省，该地的水电站为利卡西城提供了电力。基劳美瀑布和因扎河瀑布位于班顿都省，靠近安哥拉边境。梅·姆涅涅瀑布（靠近卡塞河上的其卡帕地区），鲁鲁阿河瀑布和卢比河瀑布位于西卡塞省。什阿拉瀑布位于姆布基—马伊河上的东卡塞地区。

矿藏 刚果因其丰富的矿藏资源而著称于世，堪称地质奇迹。也许刚果储量最大的矿藏就是铜。在鼎盛时期，霍特·卡唐迦综合矿业制造厂曾是世界最大的矿厂之一。卡唐迦省还富有钴、锌、镁和孔雀石。然而，并不是只有卡唐迦省才有矿藏。基伍产锡和金。东卡塞以其巴克万嘎的工业钻石矿而闻名。西卡塞、班顿都和上刚果地区有钻石矿。上刚果地区还有金矿和铁矿石，下刚果地区有石油。

5 气候、植被和动物群落

热带气候与植被 大约 65% 的刚果国土位于赤道以南，

全国都是热带气候特征，在赤道周边常年多雨，而南北两侧干湿季交替出现。在赤道以南地区，9月至12月、2月至4月为雨季；1月、5月至8月是旱季。

雨季比旱季更为炎热。最高温和最大雨量都曾出现在位于赤道雨林地区的赤道省。该地区每日中午气温可达86至95华氏度，夜晚为68华氏度。由于大西洋及来自印度洋和东部山区的信风的影响，不同地区气温迥异。所以，刚果（金）和乌干达边境的卢温佐理山区以常年寒冷著称。在南方的草原地区，特别是沙巴省南部地区，旱季的夜晚会十分寒冷。其他地区湿度不稳定，导致同一天里气温大起大落。在下刚果地区，2月气温低则65华氏度，高则90华氏度。基伍就另当别论了，由于其温和的气候，它已成为人们喜闻乐见的度假胜地。

降雨决定植被。该地区毗邻赤道，高温高湿，雨量充沛，在赤道周边形成了高树密布、蔓藤缠绕的热带雨林。一旦离开赤道地区，不论是往北还是往南，雨水频度和强度都迅速减弱。毗邻赤道的区域雨水充足，但季节性明显。这一带的植被主要是热带树林，包括高大的草木。远离赤道区域，雨水强度减弱，孕育了草地和稀树，也就是热带稀树草原。

动植物群落　从同巴湖到卢温佐理山脚，热带雨林几乎覆盖了整个北方地区。这里孕育了数不清的植物，其中不少成为了刚果人日常食物：植物的根，还有多种蘑菇和绿叶蔬菜。雨林还盛产多种药用植物。这里还有各种棕榈树，包括油棕榈树、油椰树和柯巴脂树。到处都是各种各样的树木，形状大小各异，其中不乏多种优质家具和建筑木料。质量稍差的树种可用作造纸。水边的干旱地带分布着其他树种，比如在乌鹏巴湖

6

5

和吉萨勒湖岸边就有大量的莎草纸树。

雨林中栖息着大量的动物。其中一些是刚果人的重要食物来源，包括大型动物和昆虫。森林也是猴子和猿的天然栖息地，此外还有大猩猩、黑猩猩、倭黑猩猩、霍加狓（像是斑马和羚羊的杂交后代）、非洲水羚、水牛、大象和野猪。

保护区 刚果部分的雨林和动物受到刚果自然保护机构的保护。该机构管理着 7 个国家公园，包括位于赤道上的堪称全球最大的保护区——萨隆加国家公园。保护区占刚果国土面积的 12% 至 15%，约合整个非洲面积的 1%。这种以法律形式确立的保护区的历史可以追溯到刚果自由国时期。1889 年，比利时国王利奥波德二世（即刚果殖民地的第一位统治者）划出一块土地专门用于保护大象。1908 年，阿尔伯特王子考虑扩建刚果的自然保护区。1925 年，阿尔伯特公园建立（现在称为韦伦嘎公园），并在 1929 年、1934 年和 1935 年得到扩建。此后还新建了一些公园，包括著名的嘎兰巴公园（靠近刚果—苏丹边境）、乌鹏巴公园和昆德伦谷公园（在沙巴省）。嘎兰巴公园是长颈鹿和犀牛的家园；乌鹏巴公园和昆德伦谷公园是有蹄动物的保护区。伊图里雨林中的艾普利地区以霍加狓闻名，这种动物只有刚果才有；全球的倭黑猩猩也只能在萨隆加国家公园找到。还有很多其他动物也将国家公园作为栖息地。在高美地区，卢柬卢河和林迪河流经林迪公园。各类动物，包括成千上万的河马、大象、狮子、水牛、羚羊和鬣狗，或是沿河而居，或是居住在周边的平原上。

刚果独立（1960 年 6 月 30 日）后的政治动荡时期，这些公园屡遭洗劫，偷猎者猎杀了很多动物，甚至还袭击公园保

安。1972年，扎伊尔政府新建4个保护区，其中的卡胡奇—　　7
瘟嘎国家公园（靠近基伍的布卡武）是大猩猩的天然栖息地。
同年，扎伊尔自然保护机构的职能增加了对人文环境的保护，
即增加了对生活在保护区内的农民、牧民和猎人权益的保护，
在不牺牲自然环境的前提下，使其从保护区的土地中得以生存
和发展。

人　口

刚果是典型的非洲国家，其人口由成百上千个操不同语言
的民族构成。最古老的居民属于俾格米人，现已同化成一个少
数民族，体型矮小也许是他们最明显的特征。他们以打猎为
生，群居生活。当今的刚果人中大多数是尼格罗人，是在历史
上的班图大移民时期来到此地的。他们说班图语，以务农为
主。最新的移民是海米特人，他们既从事农耕也从事游牧，集
中生活在刚果东部和东北部地区。

传统经济系统

靠狩猎为生的人和靠游牧为生的人与以农耕为生的人们生
活在一起。这节主要阐述了三种适应生态环境的文明类型。根
据某历史学家的观点，这三种文明类型分别为：以弓为代表的
狩猎文明、以谷为代表的农耕文明和以矛为代表的游牧文明①。

---

① 雅各·马戈：《非洲文明》（纽约：牛津大学出版社，1972），33～87，
106～132。

以狩猎为生的人　最早生活在刚果的人是俾格米人、巴图瓦人、木布迪人（或称为丛林人，依其生活区域来定）。最著名的俾格米人可能是生活在刚果东北部伊图里雨林中的木布迪人。

这些族群的人通常体型矮小。他们是群居的狩猎人，不住在大型村庄里。弓和箭是他们最具特色的生产工具。他们不种植粮食，所以要获得农产品一般都拿肉食与他们的邻居进行交换。有迹象表明他们的足迹曾遍布整个刚果河盆地甚至其他地区，而现在刚果境内的绝大多数俾格米人都生活在赤道雨林中。不论是否生活在雨林中，他们中的不少人已融入非俾格米社会并沿袭了非俾格米社会的语言和文化特征。举例来说，从文化和语言角度来看，木布迪人已演化为三个亚种群：说巴勒斯语的艾菲人、说比拉语的苏阿人和说芒贝图语①的阿卡人。有报道称古希腊的亚里士多德和法老时期的埃及人都知道阿卡人。

以农耕为生的人　绝大多数刚果人从事农业，农业人口比例高于其他任何生产方式。农民在全国随处可见。传统上，可贮藏粮食数量及其谷仓大小是他们衡量成功与否的标准，比如生活在北方的乌庞其河和维莱河河谷的赞得人和芒贝图人，生活在赤道省的芒郭人，散居在西卡塞省、东卡塞省和北卡唐迦省的卢巴人的各个分支，南卡唐迦地区的伦达人和本巴人，班顿都地区的庞德人和彦希人以及下刚果地区的巴孔郭人。

----

① 参见詹·万熙纳：《刚果民族志》（金沙萨，刚果大学扎伊尔编辑部，1965），53～54。并参见迪亚罗，《今日扎伊尔》，62。

刚果人在草原、森林和河岸周围进行农耕。锄头是主要的生产工具。他们用砍刀割藤，用斧子砍树。他们广泛使用两种办法施肥。一是将清理土地时割下的草晒干，在耕种前将草焚烧成灰，施于土壤中，这便是所谓刀耕火种。二是时不时开垦新的田地，让旧的土地休整一些年份以便恢复活力，这便是休耕法。

在大多数地区，刚果农民都是尼格罗人。他们具有很典型的黑人特征：黑棕色的皮肤、卷发、嘴唇厚大且鼻梁扁平。多数人说的都是班图语族的语言，他们语言之间的共性和差异程度都提示着他们都起源于同一个地区——西非的尼日利亚—贝宁地区，并从此开始向外迁徙。反过来，班图语族中各语言之间可考的语言学差异轨迹也提示了说这些语言的人曾逐渐迁移，这成为众所周知的班图大迁徙的基础。①

如今，在四个不同地区大约有四种语言占主导地位，它们是：下刚果和班顿都地区的奇孔郭语，首都金沙萨和赤道省的林格拉语，上刚果、卡唐迦和基伍地区的斯瓦西里语以及东、西卡塞省的什卢巴语。由于林格拉语是军队的语言，基本上在全国各省都有许多人懂林格拉语。这四种语言被定为国语，但作为殖民遗产之一的法语仍然是官方语言，用于教育、行政和外贸。

以游牧为生的人 在上刚果和基伍省有很多少数民族以畜

---

① 柯林斯的《非洲历史中的问题》一书中有两章内容涉及班图大移民的语言学依据，分别是：约瑟夫·格林伯格"非洲的语言"，78～85，及托马斯·斯皮尔"班图移民"，95～98。

9 牧为生。比如，住在基桑贾尼以东和伊图里雨林的巴希马地区
的比拉人就是其中之一。草场和天然泉水是畜牧生活的核心。
茅是畜牧人的主要生产工具。曾经他们用茅征服并统治先于他
们驻扎在某地的人们，而今天茅可以用来保护牛群、守护征服
的土地。

在大湖地区（基伍湖以西），有些人传统上既不畜牧也不
耕种。他们占领了南起坦桑尼亚北部、北越爱德华湖地区的大
片区域。自北向南，这些民族包括：巴南德人、巴胡图人、巴
珲德人、巴哈伍人、巴什人和巴福里易鲁人。该地区的民族
（包括其他一些）和乌干达、卢旺达、布隆迪的族群有相似之
处，他们都说班图语，据说都是 16 至 17 世纪从东北地区移民
至此。有些族群有种族混血特征。比如，从卢旺达的图西族人
身上可以看出巴珲德人和巴南德人与海米特人有相似之处。类
似的，有人就将巴希马人归为含米特—闪米特人，而另外有些
人将他们归为埃塞俄比亚—尼罗河人。[①]

传统政治系统

早在殖民统治之前，刚果这片土地上的非洲社会已经达到
了不同程度的政治文明。从简单到复杂，这种政治组织形式包
括帮派、世系、酋邦、王国和帝国。

政治文明程度　帮派社区由为数不多的几个核心家庭组
成，他们之间的合作是临时性的，且有特定的目标，木布迪帮
派社区就是其中之一。世系社会是由大家庭组成的、本地化了

---

① 　詹·万熙纳：《刚果民族志》，202～204。

的社会关系，其成员皆为某一知名先辈的后人。世系社会的层级在部落社会之下。部落成员通常无法找到一位共同的先人，但由于其相同的文化根源［比如语言、图腾（家庭徽章）和禁忌，包括禁止通婚］，部落成员之间仍然有着高度的社团意识，庵布人就是这样的例子。酋邦是一个基于亲友关系的常态化政治组织，等级结构更为森严，时常包括多个世系阶层。酋邦中的最高等级的共同祖先可以是一个最大的世系阶层或部落。卡塞的卢巴人就生活在大大小小的酋邦之中。

酋邦根据共同的基础而不是共同的祖先联合在一起，就形成了王国。这种基础可以是联姻、条约或保护—被保护关系。库巴王国就是一例。帝国由不相关联的王国组成，是通过征服而产生的政治实体。卢巴—伦达帝国就是一例。这里提及的政治组织形态的共性是具有高度的民众参与度，即便各个帮派都是利己的。同时，由非利己社团形成的社会组织也逐渐形成，既充当了统一力量的孵化器，也充当了冲突的孵化器。①

木布迪帮派社区　木布迪人以狩猎为生，居住在伊图里雨林。木布迪社团的唯一组成单位便是核心家庭。婚姻的基础是互利交换。不同帮派的男人将自己的姐妹或其他女人拿出来交换。帮派社区是木布迪人最典型和最高级的社会组织形式，缺

10

---

①　关于刚果的传统政治组织，参见詹·万熙纳：《草原王国》（麦迪逊：威斯康星大学出版社，1968）。有关刚果王国和库巴王国的资料，参见钱塞勒·威廉《〈黑文明的陨灭〉：一个从公元前4500年到公元2000年的民族的重大问题》（芝加哥：第三世界出版社，1987）；关于庵布王国，参见SN.桑姆潘《封建资本主义和过度政治化的国家》（布鲁克菲尔德，VT：阿什盖特，1994），45~54。

乏既定的领导体系。领导体系只有在狩猎中才会启动。他们有各自的狩猎范围，虽然这个范围难以清晰界定。打火营地是社区内交流的平台，社区根据大家的共识形成决议。男女平等参与讨论。社区生活的根本原则是合作和食物共享。犯了大错会被驱逐或被打，犯小错误会被奚落。[①]

庵布世系社会 居住在班顿都—基韦卢地区的庵布人由若干母系部落组成[②]。核心家庭从属于大家庭（NZO）。一个祖母（不论是否健在）的共同后代形成核心家庭或大家庭，大家庭进一步组成世系社会。世系社会之上是部落，部落是一个拥有图腾的社区，且部落内部成员不能结婚，必须与外族结婚。然而，部落内部成员高度团结，体现在亲友关系、共同习俗以及人与人之间一贯的关怀。

尽管庵布世系社会只是部落的一个分支，但它却是庵布人政治体系中占有土地最大、组织最完好的社群，这些社群享有自治权，是庵布人社会最基本的管理层级。最年长的男性成员领导社群。有时离任领导会指定社群的接班人，也有时由长老们选出新任领导。

在社群之上是村庄，村庄通常由若干社群组成，是社群的协调机构。村庄里的社群偶可能会分属不同的部落，所以社群的大小和影响力各不相同。一般来说，居于优势地位的社群在村庄的政治中比较有发言权。村长通常从居于优势地位的社群

① 更多有关姆布提的讨论，参见万熙纳《刚果民族志》，56~60。

② 关于庵布王国，参见桑姆潘《封建资本主义和过度政治化的国家》（布鲁克菲尔德，VT；阿什盖特，1994），45~54。

中产生，时常也兼具社群领导的功能。村长这个职位会从在任者手里传给其同母异父的兄弟或其姐妹的儿子。社群首领委员会帮助村长行使职权，包括处理与通奸、杀人、财产损害和偷盗相关的案件。村长还负责维护与其他村长的关系。

卢巴酋邦　不少少数民族都自称是历史上的卢巴帝国的后裔，卡塞的卢巴人就是其一。口口相传的故事和历史记载都提示他们是在帝国覆灭之后来到此地的，他们为了逃避战乱或饥荒，成群结队以小家庭形式迁徙至此。他们的政治组织是大家庭系统。[①]

大家庭系统的下一级组织是若干大家庭，他们有一个共同的祖先。这一层级最显著的特征是所有的合法成员共同享有他们祖先的土地。反过来，很多拥有土地的人自称是酋邦创立者的后代，他们在卢巴政治体系中形成了次高层级。从整体上看，这些"后代"成员在酋邦的运作中起到了特别的作用。从功能上看，卢巴的这种层级划分又可以看作是政治上的隔离。最后，在各个政治隔离区内宣称是酋邦创立者的后代的那些人在卡塞的卢巴地区的传统政治系统中成为了最高层级：酋邦。这是平民层面，之上没有更高权威。卢巴社会便由这些大大小小的独立酋邦组成。

想要跻身酋长主要依靠血缘。按照惯例，只有酋邦创立人

---

① 有关卡塞地区卢巴人的信息大部分来源于列奥纳多·穆肯戈："卢巴社团的宗教信仰与社会——家庭结构"，《手册》（期刊名），卷 1（金沙萨：经济与社会研究院，1967），3～95；"扎伊尔的传统社会——政治制度和现代政治制度"，《卡塞河流域卢巴社会概况》（鲁汶：鲁汶天主教大学，哲学博士，论文，1974）。

和他大老婆的后代才能成为酋长，而创立人和其他老婆的孩子为垄断各项大权与合法候选人讨价还价。起初，两方可以在相互隔离的政治领域中达到此消彼长的平衡，从而削弱酋邦创立人的权威。跷跷板效应被认为是保证权力实施中的平衡的工具。除了酋邦建立者后裔之间，其他地方也存在着政治割据。作为难民或战俘皈依酋邦的外邦人所建立的世系组织就是一类。这些组织被排除在上述两项功能之外，但和其他政治组织一道，是酋长委员会的组成部分。平衡作用和代表作用都扩大了政治参与。

12

权力转移涉及反对者对当政者和有权有势者的财产支付。然而，随着时间的推移，王位竞争者的数量和合法权贵都在努力增强自己的实力。所以，权力越来越依赖于权钱。结果，只有那些富得可以满足当权者和其他权贵不断增加的财富需求的世系家庭成员才有能力去竞争王位。这种现实在殖民时代进一步恶化。在殖民时期，比利时殖民者时常干预刚果政治纷争，破坏传统规则，支持那些最有可能满足其殖民利益的候选人。

13

卢巴酋长的统治借助于四个机构：一个由任命官员组成的内阁、一个权贵委员会、一个代表各个区域的副酋长，还有一个由具有影响力的家庭成员组成的近亲团体。酋长的政治权力包括与周边国家谈判并达成非侵略性协议。在行政方面，酋长统领政策制定，但他不亲自实施政策。他必须通过其内阁成员代理实施。在司法层面，酋长作为最高权威，需要透明（需要公开公正）和公平。酋长也行使神权。酋长的就职仪式具有双重功能，既确认酋长作为酋邦统治者的合法地位，也确认他是过往酋长神性的化身。从神性方面来看，酋长可以帮助酋邦及其居民消灾驱邪。酋长的内阁成员被赋予专项职权，如国防、公共秩序、酋长个人安全以及礼宾。

库巴王国 库巴王国是 16 世纪由 18 个移民团体（被称作布雄）① 组成的联邦所建立的。他们逃避大西洋沿岸葡萄牙奴隶贩子的入侵，起初居住在匡果河沿岸的广袤地区。为躲避贾卡人入侵，他们在乌特酋长的带领下移居到卡塞河和桑库鲁河一带。除了这 18 个布雄群体，库巴联邦的成员还包括该地区的原住民——特瓦人和盖特人，他们对布雄的到来表示欢迎。还有其他一些民族也加入了库巴联邦，而原先的 18 个移民团体则是核心管理机构。他们都说库巴语。起初，库巴国王由选举产生，任期四年。后来任期得到延长，但不超过十年。男女皆可成为国王。库巴王国约存在于 1568 年至 1910 年，期间共有 26 位统治者主政。

由于通婚和文化同化等原因，作为一个独立民族的原住民特瓦人已不复存在。幸存下来的民族所占土地划归联邦所有，成为王国的一个特别行政省。国家权力来源于家庭组织，同时又帮助扩大了家庭。最底层的政治组织是村委会。起初，村庄只是特定部落的居住社区，部落的长老组成了村委会。也就是说，传统上，部落长老组成的村委会成为了国家层面的委员会。每个部落都有机会通过村委会参与国家政治。随着时间的推移，移民越来越多，村庄也越来越大。这些区域的部落规模正好相当于城镇中的区，区内的居民选出代表他们的长老到乡镇或城市委员会。村长、副镇长和市长主持他们各自的委员

14

---

① 有关库巴王国的讨论是基于威廉《黑文明的陨灭》，221～242。

会，在省级委员会中代表他们各自的政区。省级委员会的最高长官是全民族大首领。省级委员会之上是国家级委员会。只有18个创始布雄团体的首领才有资格成为国家级委员会的成员。国王由这个委员会选举产生。也就是说，其他非建国时存在的民族被排斥在王国最高政治权力之外。

国家各级委员会的最高长官都是各民族自己的长老，按他们各自的风俗办事。各级委员会中的民族皆平等，不论其数量多寡。

除了代表权平等，布雄上升为国家文化，在所有民族中对国家文化的贡献最大。这样一来，各自民族擅长的舞蹈、艺术、农业和建筑上升为国家层面的库巴舞蹈、库巴艺术、库巴农业和库巴建筑。布雄各族擅长制作鞋靴，也善于打鱼狩猎。得益于国家的支持，这些技能和其他技能一道（包括制衣和铁匠技艺）得到蓬勃发展。然而，依民族为主线的粗放的文化发展在某些生产领域有很多限制。比如，有些民族传统上擅长各种农业，但由于其人数稀少，即便国家采取了鼓励措施，其食物生产始终不足、品种也欠丰富。

卢巴—伦达帝国 卢巴和伦达是两个不同的帝国。然而，由于卢巴人和伦达人基因上十分相近，两个民族自然而然地融合在了一起（或干脆被认为是一个民族的两个阶段）[1]。请注

---

① 有关卢巴—伦达帝国，参见万熙纳《草原王国》，70～97。有关卢巴—伦达帝国还有两个更新的、缩略版的讨论，便于课堂使用：万熙纳《草原王国》，115～120以及罗伯特·O·柯林斯编辑的《非洲历史的问题：前殖民世纪》（纽约：马克斯维纳，1994）一书中托马斯·利弗的"卢巴—伦达帝国"，121～125。

意不要把卢巴帝国和先前提及的卢巴酋邦混淆。卢巴帝国更为 16
古老，也更庞大。

卢巴酋邦是卢巴帝国瓦解后幸存下来的许多分支，他们都
用了卢巴的名字。卢巴帝国诞生于 16 世纪的博亚湖周边的卡
唐迦地区，宋耶入侵者将此地称为巴洛普为。帝国的建立者叫
孔各洛·瓦姆巴。战争发生在韦贝勒地区。孔各洛的侄子
（姊妹布兰达的儿子）易伦家·卡拉拉最终在权力斗争中胜
出，取代了孔各洛。

大约公元 1600 年，有一个心怀不满的卢巴人迟宾达·易
伦家离开了伦巴，征服了外地并建立了一个国家，这便是后来
所称的伦达帝国。这种外征为大家提供了榜样，激发伦达人都
按此征战。比如，有些伦达部落移居匡果河谷并在该地建立了
卡桑杰王国。类似的，伦达名仕侃亚玛南迁建立起伦拿王国。
按这样的方式迁徙的伦达部落成为了柯克维和宋郭地区诸国的
统治者。另有一部分人移居到了卢瓦普拉河谷地区，后来他们 17
被称为庵巴人。他们的首领被称为 "Mulopwe Wa Bantu"（意
思是人们的首领）。

一般认为马拉维和赞比亚的本巴人就来自于伦达帝国，其
中有些直接来自卢巴帝国，还有些来自其他地区。伦达人曾征
服了很多外族人。

迟宾达，这位来自于卢巴最后建立了伦达帝国的移民，给
伦达帝国带来了卢巴帝国的基本执政纲领并与伦达的实际相结
合。每一次，这个移民而来的战士都会将既存的小政治团体团
结成一个大的帝国。这位入侵者一边试图将其统治合法化，一
边又试图将征服者的荣耀植入这个新社会以巩固其权力。这样

一来，这位新人始终采用间接统治法，他保留了各酋长，并且限制了中央政府对于各省区定期缴纳贡品的干预。因军事远征而出访在外的酋长们被称为卡瓦他，他们向省区征税，同时将国王的御旨传递给地方酋长。在首都郊区或国王自己的土地上不用卡瓦他远征，而是由一小部分警察团体在首都周边执行国王的命令。卡瓦他在远离首都的地方用的较少，而在离首都近的地方用的多。他们一年去域外酋邦一次。

除了每年必须交税，偏远省区可自行其是。换句话说，这些省区依附于帝国并不是军事上的强制要求。那么怎么保证他们忠于国王呢？这就是伦达国相对于卢巴国的政治创新。伦达国发明了两种密不可分的机制：地位继承和永久亲缘。根据这样的双重原则，获取国王政治地位的人自然而然地获得了亲属关系以及前任国王的关系。他和他的亲戚成为了先王的亲戚，从此双方永久性地具有平等的权利和义务。此外，被征服地的首领保留了他们原先的地位，并且被赋予土地所有者的头衔。新来的居民被给予纯政治头衔副首领，他们必须清楚他们所居住的土地归原主所有。

得益于这些新政，伦达国走向强盛并很快将其势力延伸到了很多中部非洲和南部非洲的偏远社会。卢巴国没有取得相应的成功是因为他们没有任何内生机制来帮助他们团结被征服地民族作为平等的一员融入卢巴社会。然而，这两种政府体制都蕴含着潜在的民众反抗的种子：中央政府和地方政府的关系仅限于缴贡纳税。中央征服并没采取措施为省区提供任何服务，甚至都无法帮助地方抵御外部入侵。这种中央层面的管理基本就是剥削。

18

当代历史：漫长的困顿

灿烂的非洲文明沦落为欧洲列强的牺牲品，这在刚果王国这个中非国家身上得到了充分体现。1884 年~1885 年柏林会议上，与会的欧洲列强将刚果的主权让渡给比利时国王利奥波德二世，让其牵头制定刚果的发展政策，以牺牲刚果人民利益的代价惠及他们自己。1908 年，利奥波德二世将刚果的主权移交给比利时国，于是该殖民地成为比属刚果。1960 年 6 月30 日，刚果正式独立。然而由于相继而来的新殖民体系和军政府独裁统治，刚果平民从未享受到名副其实的独立。相反，他们的生活依然艰难。

黑奴贸易和刚果王国

这里讲述的是两个国家之间的故事，一个是欧洲的冒险者和侵略者，另一个是不听话的东道主非洲国家（这两个国家分别是葡萄牙和刚果王国）。①

刚果王国的起源和繁荣　关于刚果王国的起源有两种说法。一个版本是说刚果王国大约于 1400 年建国，是由 14 世纪早期刚果河两岸的马乐波湖周边形成的繁荣的农业、渔业、金属制造业和商业社团联合形成的。当时的奇孔郭语把刚果河称为渣迪。刚果河及其周边地区有巨大的发展潜力，刚果人民也

---

①　威廉：《黑文明的陨灭》，243~272。另参见凯文·诗林通《非洲史》，修
　　订版（纽约：圣马丁出版社，1995），144~145，198~201。

成功地抓住了这种发展的契机：降雨充沛、草原林地土壤肥沃、临近铜矿、铁矿和盐矿。此外，渣迪河及其支流沿岸有渔场，河流及湖泊及其周边可供水陆交通通行。

另一个版本是说刚果王国发源于其首都附近，即现在的安哥拉北部圣萨尔瓦多城的位置。国家的建立者叫倪提奴·文内（也被称为倪米·阿·鲁克尼），来自波马地区的小酋邦布恩谷，临近渣迪河口。倪提奴·文内通过与一位奴萨库·伍恩达部落的女子联姻与当地权贵建立联盟。这个部落是土地精神权利的捍卫者。玛尼·卡布谷——部落首领兼土地权利祭司，认定倪提奴·文内为刚果玛尼（刚果国王）。姆班渣·刚果成为新王国的首都。倪提奴·文内的王位得到承认后，征服了姆班巴、姆鹏巴、孙迪和索约地区。此后，他又兼并了姆巴塔和姆潘古地区。

到 16 世纪早期，刚果王国在艺术和手工艺上达到相当繁荣的程度，其居民皆是技术娴熟的金属加工者、陶艺人和织布者。他们编织的酒椰叶纤维的衣服远销大西洋沿岸，在当地通过交换获取盐和贝壳，当作本地货币。王国的历代国王所推行的贸易和进贡政策刺激了跨区域贸易的发展。到 16 世纪早期，刚果玛尼（刚果国王）的王权已覆盖西起大西洋沿岸、东至匡果河一代的地区。

葡萄牙人和刚果王权　葡萄牙人通过多种策略影响了刚果王国的发展进程。1484 年，他们首次抵达刚果时是以朋友的身份出现的。这帮助他们赢得了刚果统治者的信任，使得他们可以涉足刚果内部的各个圈子。这种渗透十分深入，以至于刚果国王及其随从人员都改信了基督教并取了葡萄牙语名字。作为国王和一名基督徒,刚果国王觉得自己和葡萄牙国王是平等的。实际上,他们之间以兄弟相称。两个兄弟般的友邦互派大使,刚果的"兄弟"请葡萄牙的"兄弟"派遣技术人员、教师和更多的传教士来刚果。

然而,刚果国王并未察觉他的葡萄牙兄弟及其派遣到刚果的人员有着不可告人的计划,他们只是在等待一个合适的机会实施。当这一机会到来的时候,刚果的民众开始失踪了,因为他们被秘密抓去了大西洋的群岛——圣多美与普林西比做奴隶,去从事种植业。葡萄牙人以仲裁者身份介入刚果王权的继承斗争,支持基督教候选人。于是,在1506年,一位葡萄牙支持的候选人击败了他的竞争对手。那些竞争对手因其太受控于外国势力而反对他。胜选的人成为了阿方索一世国王,他的统治持续到1543年。阿方索一世高度认可自己的基督徒国王的身份,与梵蒂冈也建立了关系。在内部,随着他的权力不断增强,他打压地区领导人的权威。而那些地区领导人的宗教权力原是依赖于对祖先传统的尊重。

奴隶贸易以及第三代国王的命运 上述做法导致阿方索一世国王失去了传统合法性和支持,只能完全依附于葡萄牙定居者。他越来越依赖葡萄牙雇佣军和枪械来帮他从臣民手中征收税收、控制长途贸易、扩大帝国版图。葡萄牙人成为了支持国王的唯一力量,也借机提出对奴隶的需求。为了达到这些要求,葡萄牙人会在特定地区挑动国王和臣民之间的直接战争。当形势变得无法收场时,刚果国王就向他的葡萄牙兄弟抱怨葡萄牙公民在刚果所犯的罪行。他甚至想依靠他自己的力量阻止奴隶贸易,但没有成功。

20

葡萄牙国王回复刚果国王一个文件，叫作条约，里面列举了刚果必须对葡萄牙承担的义务，包括：为延续基督教文明所需支付的费用、葡萄牙人远征刚果的费用以及刚果儿童到葡萄牙接收教育的费用。支付方式包括从刚果人民身上课征的奴隶、象牙、铜。葡萄牙国王也会指派一名大使以全权顾问的名义来到刚果，他实际上是代理国王行使监工职能，类似于一个大内总管。①

阿方索一世的继承人，迪奥戈一世（1545～1560），成功地限制了奴隶贸易，也有效控制了葡萄牙居民数量，同时也疏远了葡萄牙传教士。然而，他失去了对南部省份——安哥拉恩东郭地区的控制。恩东郭逐渐脱离了刚果王国。1568年，阿尔瓦雷一世宣誓成为刚果国王。同年，东方来的入侵者——贾卡人打断了刚果王国的历史轨迹。他们迫使国王流亡，直至1574年，葡萄牙人借助于圣多美的雇佣军恢复其职务。葡萄牙人借此机会巩固他们对刚果王国的控制，包括在恩东郭省驻军以抵抗王国，并蛊惑其他省（孙迪、姆巴塔、马坦巴）独立。同时，在临近姆班渣刚果（首都）的北方地区，王子之间的王位争夺战进入白热化，他们之间的斗争正逐渐失控。奴隶贸易也进一步加强，覆盖了马乐波湖沿岸的普波口岸。一些欧非混血人成为专门融通国内与港口的奴隶贩子，他们被称作普波罗人，因为他们跟普波口岸联系密切。

在南方，战争终日不绝。刚果王国讨伐分裂省份，王国抗击葡萄牙人，葡萄牙人打击各个省份，某个省份打击另一个省

21

---

① 威廉：《黑文明的陨灭》，251。

份以及民族之间的斗争从未消停。有些人为阻止奴隶贸易而战，还有些人是为促进奴隶贸易而战。安哥拉、恩东郭和马坦巴王后安娜·晋佳连续 30 年（1625～1655）为反对奴隶贸易而坚持不懈地斗争，让其名垂青史。英巴郎贾就是产出奴隶最多的民族之一。蒙布杜人受害最为严重。卢安达成为了葡萄牙人的前沿堡垒，成为了混血奴隶贸易中心，也成为主要的奴隶出口中心，每年大约出口 1 万名奴隶。圣多美只是个中转站，其最终目的地是巴西。①

在刚果自由国和比利时刚果的殖民

利奥波德二世广袤的非洲帝国被称为刚果自由国。作为王国的遗产，比利时国将刚果自由国改称比利时刚果。他们占领了刚果以后，国王及其后任都努力通过削弱和疏远刚果的传统领导层、掠夺资源、强制刚果人参与劳动等方式来实施统治。②

① 爱德华·蒙迪欧：《刚果史》（布鲁塞尔：查尔斯·德萨特，1961），61～62。另参见万熙纳《刚果民族志》中阿尔伯特·都特卢的"刚果"，115～127。

② 有关刚果殖民时期和后殖民早期的政治生活，参见克劳福德·杨，《刚果的政治》（普林斯顿，新泽西：普林斯顿大学出版社，1965）；帕特里斯·卢蒙巴，《刚果，我的祖国》（纽约：弗雷德尔克·A.普拉格，1966）；麦克·梅勒，《刚果：从殖民到独立》（巴黎：马斯佩罗，1962）；坎英达·卢桑嘎和古伊·马伦格罗，《扎伊尔土地组织时期行政行为的连续性与非连续性》（金沙萨：跨学科研究与政治档案中心【CIEDOP】，1985）；乔治·冯·德·可肯，《比属刚果时期的班图社会及本土政治问题》（布鲁塞尔：埃米尔·布吕昂机构，1919）。

削弱和疏远领导层　国王做的第一件事情就是剥夺非洲人作为他们领导人的合法权利，这种合法权利先前是通过长老会、首长会和国王委员会实现的。利奥波德二世建立了区域首长制，区域首长由欧洲殖民地管理成员国任命，有权废除传统的酋长和国王，有权肢解王国和大的酋邦国，将其变成小的政体。新的政体的领导必须从绝对忠于欧洲宗主国的候选人中产生。为进一步离间酋长和其臣民之间的关系，区域首长令酋长实施压迫臣民的政策并将推行该政策作为酋长的责任。他们被迫为殖民地军队征兵，并组建科维斯（免费集体劳动，由上级摊派给下级，有时以劳动抵税收的方式被认为理所当然）。不愿意按殖民者要求背弃臣民或政绩让新主人不满的酋长会被废除权力，取而代之的是更为合适的候选人。他们会被示众羞辱，比如当着臣民的面（包括妇女和儿童）被鞭打。①

1908 年，利奥波德二世将刚果的主权移交给比利时国。1910 年，为追寻国王的遗产，刚果的新任当权者重申了区域首长权力高于传统的酋长。类似的，他们赋予区域首长任命副酋长的权力，将其作为实施知名通知的代理人，并可在他认为适当的时候撤销村庄。结果，区域首长在整个殖民地都任命了副酋长，即便是在某些从来没有酋邦存在过的地方。这样一来，这种人为造成的新酋邦和次酋邦数量迅猛增长，以至于殖民统治当局不得不于 1921 年停止了新的任命。这样，所有得

① 坎英达·卢桑嘎和古伊·马伦格罗：《扎伊尔土地组织时期行政行为的连续性与非连续性》，115；雷恩·勒马科罕：《比利时刚果的政治觉醒》（伯克利和洛杉矶：加利福尼亚大学出版社，1964），39。

到任命的人都是最忠于殖民统治当局的候选人。1933 年，那些过于袖珍的酋邦和次酋邦由于无法有效发挥其职能而被划归到一类叫作"郡"的行政区域。由于长期被边缘化，酋长已变得完全无法胜任工作。特别是他无法解决其民众和殖民者之间的利益冲突。[①]

征用 刚果自由国内最早的殖民政策关乎土地和相关资源。1885 年 7 月 1 日，国王颁布法令，凡是在刚果的欧洲人认为赋闲的土地，全部征用。这简直荒诞可笑，因为每一块土地都属于社区所有。而且，欧洲人所谓的赋闲土地实际上是正处于休耕期间、便于土壤再生的地块。征用的土地归于国有或移交给殖民地的公司或是国家机构。在被征用的土地范围内种植、聚会、打猎和打渔都不被允许。土地稀缺成为刚果人民面临的一个长期问题，以至于在 1906 年，殖民管理当局授权土地管理机构给每个社区三倍于其实际建造或耕种的土地，但其实在绝大多数情况下并没有什么意义。

1908 年，刚果自由国变身为比利时刚果，6 669 万英亩被征用的土地都落入了私人利益集团之手。此后，土地协议谈判重启，取而代之的是只允许转让优质土地到私人利益集团手中。结果，到了 1919 年，转移到私人利益集团的土地下降到 1 759 万英亩。乐维兄弟公司，联合利华的前身，获得了从 5 个不同地区的 1 383 万英亩土地中挑选 185 英亩高质量土地的

---

① 卡米塔图·克来欧法：《金沙萨刚果的大谜团：蒙博托的罪行》（巴黎：弗朗索瓦·罗斯普罗，1971），55 ~ 88；伯纳·弗汉根：《刚果的起义》（布鲁塞尔：CRISP 研究，1966），32 ~ 33。

机会。这期间最大的用地赢家是一家由私人运营的政府机构——卡唐迦特别委员会（获得了111 150 000万英亩土地）和基伍国家委员会（获得了2 964万英亩土地）。上述两个机构皆为私人运作的政府机构。

这样大规模的征用使得刚果人民不仅失去了耕地，还失去了打渔、打猎和聚会场所。刚果人民还失去了所有的自然资源，例如橡胶、柯巴脂树（一种热带树木）、棕榈油、象牙、可乐果、棕榈果和酒椰。19 世纪，欧洲市场对于橡胶和象牙的需求量很大。橡胶的获取过程是：将产橡浆的树切开，提取橡浆，随后制成橡胶。大西洋沿岸的贸易站都有出售橡浆。在刚果的森林里富产藤本植物，这是橡胶的主要来源。刚果地区出产的其他植物也能提取橡浆。象牙也有出售，可以用来制作家具，特别是器皿。通过宰杀大象可以获取象牙。刚果自由国禁止此类产品的交易，也禁止捕杀大象，即便是在非国家所有的土地上也不可以。在上刚果地区，象牙贸易连接着从昕基替尼（今天的基桑加尼）到印度洋繁荣的贸易网络。阿拉伯人和讲斯瓦西里语的人在象牙贸易中发挥了重要的作用，成为利奥波德在刚果的使者公开打击的目标。一年中只有七个月的时间，他们允许在刚果社区所有的土地上进行一般性打猎。1910年，殖民管理当局允许在国有土地上进行有限的狩猎。从1934 年开始，所有规划为国家公园的地方禁止一切狩猎行为。违反规定（包括越过限定区域）都会受到殖民地法律的制裁。

集体财产　和自然资源一样，刚果人民劳动所得的集体财产也在征用范围。棕榈树就是其中一例。在欧洲人到来之前很久，刚果人就已经在他们住宅周边或较远的田野中种植棕榈树了。非洲农民在占有一块土地几年后常常会放弃这些田地甚至放弃他们的村庄，以便让这些土地得到恢复。他们把这称作休耕，也叫有计划耕作或间歇耕作。由于这种休耕制度的存在，棕榈树通常分散种植在先前的居民区或田地之上的小片区域。这些树仍然归种植者社区所有。

棕榈树是重要的油和酒的来源。他们也可以用来制作各种家具，满足种植者的家庭所需，比如制作篮子和扫帚，盛放诸如盐、味精、药材和食用虫类的容器。死去的棕榈树可以用作煮饭和取暖用的柴火。征用开始后，所有这些福利都不复存在。殖民者完全不给任何合法解释，也不提供任何补偿措施，只是借口说当地人破坏了棕榈树。

可移动财产也需要征收。殖民当局从农民处获取大量的食物充其粮饷，养活其工作人员，不论黑人还是白人。他们将征收食物当作收税。公共军队（殖民军队）主要由黑人组成。士兵和民众都是新近从村里雇佣的。雇佣时偏好身强力壮的男青年。他们掠夺了最富有的一些村庄。雇佣的人越多，需要喂养他们的食物量就越大，村里食品生产者就越来越少。换句话说，要获取足够配额的食物变得越来越困难。

征收的食物依地域的不同而不同。比如，在今天的金沙萨附近的一个村庄，征收的是 350 条匡嘎（一种甜薯面包），每条重 2.2 磅。这些量需要 100 个工作小时才能生产出来。匡嘎通常跟鱼一起食用（多是烟熏鱼，易于保存）。那么，某些地区的人们就得缴纳鱼来充当税收。这是在上刚果的情况，特别是在新昂韦尔一带。

除了为工人和士兵提供食物，刚果人民还不得不为殖民当

24

局和公司的欧洲员工提供肉类（禽类、羊肉和其他家养动物）。这种义务耗尽了村里的牲口。在国内和国际压力下，殖民当局派遣了一名专门代表前去调查由利奥波德王国引起的刚果大萧条，这名代表在 1905 年将调查结果公之于众。这份调查报告指出绵羊、山羊、鸡鸭都越来越稀少且价格越来越昂贵。动物时常被主人随意取来充当税收。此外，持续的受挫情绪也使得很多村庄的农民不再养殖这些动物。

这种为政府官员提供食物的义务一直持续到殖民统治结束。起初，这只是替代金钱税收的一种方式。1910 年，现金税收开始以后，提供食物依然作为一种讨好、贿赂甚至是害怕不公正的官员的方式存在着。直到 20 世纪 50 年代，殖民统治的最后十年里，土地、农业和卫生官员在下乡时，当地民众依然给他们奉上鸡蛋、鸡肉、山羊或其他猎物，他们不会得到任何补偿，只求免于暴政。

25

艺术品也属于集体财产，也需要征收。各个层次的欧洲殖民者，世俗人士也罢，神职人员也罢，都用各种借口（甚至包括铲除异教徒）占有刚果的艺术作品。特尔弗伦博物馆（比利时）是全球最大和最有影响力的博物馆之一，这个博物馆就是一个活的证人，不仅证明了刚果人民的创新精神和生产能力，也证明了殖民者给刚果社会带来的巨大损失。

强迫劳动 起初强迫劳动只是小规模进行，后来利奥波德二世要求其在刚果的代表采取一切措施发展国家土地，让当地人在特定的区域内种植棕榈树，让棕榈树的数量与其人口和土地供应量相称，于是强迫劳动就普及起来了。为了要落实种植棕榈树的政令，总督规定每个村庄种植棕榈树的数量要达到每个篷房 100 单位，而每个篷房大约容纳 4 口人。

殖民当局迫使刚果人从事各种免费集体劳动以满足欧洲人的需要，比如划船、为蒸汽船提供动力用柴、清理田地和耕种、建造和维护路桥、政府用房、监狱和法院、清理河岸及电话线沿线土地。强迫劳动时常遭到滥用。政府各级官员或是私人工厂的监工越来越习以为常地要求工人从事各种工作以满足他个人或公共的利益，甚至去剥削土地资源。很多官员急于在最短的时间里取得最大的收益，他们的要求时常很过分。

其中有关采集橡胶的工作最臭名昭著。对于橡胶的需求总是供不应求。每次收割时满足了预定额度，官员就会给要求下一批交货时数目更高。很多时候，要收获橡胶必须每两周里徒步几天甚至更久去往森林中橡胶树大量种植的地区。那边生活条件艰苦，一个破烂的草屋，没有平常的食物，天气恶劣，还会受到野兽的袭扰。回到村里之前，收割人先得去政府部门或公司。在村里没待上两三天他又被迫回去林子里，这都是由于对橡胶的需求的压力所致。由于需要不停往返，收割橡胶占据了他绝大部分的时间。有些村的居民恼羞成怒，拒绝去政府（缴纳产品），结果遭到警察的洗劫和杀戮。在刚果自由国时期，伤人身体和截断肢体是对刚果人常见的惩罚措施。

起初，刚果的强制劳动是代替税收的一种手段。1910 年，政府开始实行税收货币化，然而强制劳动依然存在，甚至愈演愈烈，对强制劳动力的需求也越来越大。1933 年，官方规定强制劳动时间为每年 60 天（和平时期）和 120 天（战争时期）。运输业也属于强制免费劳动。这是一件苦差，包括牵引大型车辆翻越迂回的区域、攀爬陡峭的山岩、渡过沼泽和河

26

流。运输业一般是指从事运送人、行李和货物的行当。旅行者和商人携带着他们的财物、人员和从农民处获得的农产品都通过该方法旅行。这是一项无休止的差事。每当要拓荒新的土地或是从欧洲进口的产品需要运输，刚果人就必须承担起运送白人及其行李的职责，将他们运送到目的地，不论多远。

新殖民主义和刚果的独裁

刚果共和国（1960～1964） 1960 年 6 月 30 日，比利时刚果成为了刚果共和国，也被称为刚果—利奥波德维尔。大家都期待着这个国家会是个独立国家，然而，它却成为了一个新殖民主义国家。

新殖民主义是通过代理人来进行殖民统治。在新殖民主义体制下，国家的命运从官方上来看掌握在本国领导人手中。然而，实际上，这些领导人是屈从于境外势力的代理人。外加独裁，情况就更糟糕了，在新殖民主义体制下，独裁者依靠压制和恐怖主义的方法进行统治。所谓的刚果民主共和国完全名不副实。

刚果民主共和国（1960～1971） 刚果人民独立后的困难时期有很多称呼，比如独立危机、人民叛乱、独裁以及扎伊尔之疫。

独立危机 约瑟夫·卡萨武布和帕特里斯·卢蒙巴分别成为总统和总理。独立庆典上，卡萨武布在演讲中感谢比利时人让其臣民独立，并承诺会为了两国互惠互利继续与比利时紧密协作。卢蒙巴也对刚果人民发表讲话，提醒他们在殖民时期曾遭受的苦难，并承诺按人民的意愿，与人民一道创造变革。比

27

利时国王博杜安和其他一些比利时人对卢蒙巴的讲话表示愤怒，并连同其同盟（包括美国），开始密谋剥夺卢蒙巴的权力。

独立不到一星期，在公共军队（殖民军）中的比利时军官们就策动刚果士兵起兵反对卢蒙巴，指责他否定了他们的独立成果。卢蒙巴应对匆忙，任命约瑟夫·蒙博托为刚果军队总司令。不久后，比利时入侵马塔迪，差一点就重新占领了刚果。同时，他们的保护人莫伊兹·冲伯宣布全国最富裕省份卡唐迦独立。此外，卡塞、卢巴也宣布自治，它们当时由于比利时人的种族清洗从卡唐迦独立出来，而且在金沙萨的中央政府那边也没什么很高的地位。

卢蒙巴需要同时应对多场战斗，这些战斗对刚果人民都至关重要。他的敌人，不论国内的还是国外的，都把他描绘为一个共产主义者，这样他们的计划就站得住脚，也可以把他铲除掉，因为卢蒙巴的目标是刚果人民的真正独立。在此期间，卢蒙巴和他的政府向联合国求助。联合国军队虽然抵达了刚果，但令卢蒙巴失望的是，联合国军的到来显然是来推倒他的，而不是来帮助他和他的政府实现国家统一的。他的敌人策动蒙博托发动政变，蒙博托据说与美国中央情报局有牵扯。他们逮捕了卢蒙巴，送到了他在卡唐迦的宿敌那边——比利时人莫伊兹·冲伯和歌德福伊·姆侬郭处，这两人分别是分裂国的总统和总理。卢蒙巴在卢本巴希机场和市区途中被杀害。至于尸体怎么处理的，至今仍是个迷。①

围绕刚果独立而引发的冲突开启了一个充满着不安定和毁

---

① 卡米塔图：《金沙萨刚果的大谜团：蒙博托的罪行》，98。

灭色彩的时代，这种影响至今仍在刚果多地持续。卡楠嘎
（当时叫卢卢阿堡）是卡塞省的省会。卢巴人曾是卡楠嘎殖民
政府的顶梁柱。他们构成了比利时统治之下的社会底层人员中
的大多数，比利时人把管理职位都留给了他们自己。城市之
外，卢巴人在该省某些地区的农业生产中发挥了重要作用。
（卡楠嘎及其周边地区是在卢卢阿人的土地上。）1959 年 ~
1960 年，比利时人吓唬卢卢阿人，说卢巴人将会在刚果独立
后占据主导地位。他们煽动两个种族间的冲突，导致卢巴人从
卢卢阿人的土地上被驱逐，被迫回归他们自己的家园，即今天
的姆布吉马伊城附近。卡楠嘎及其内陆地区的瓦解由此开始，
该地的经济和行政管理从此再也未恢复。

　　受害的民众没有因丧命、财产损失和失业而获得任何补
偿。他们以难民身份抵达姆布吉马伊。对于突如其来的大量难
民，当地的经济、行政和卫生基础设施不足以应对，就此开启
了一段长期的痛苦历程。不久情况更为恶化，1961 年 ~ 1962
年，卡唐迦的比利时人和当地政府阴谋驱逐卢巴人和其他卡塞
人，使其失去家园，丧失工作。数以千计的人连续多月待在难
民营里，直至被驱逐至卡塞。他们大量涌入，又使得该地原本
低效的运输能力雪上加霜。

　　卢蒙巴的主要政敌有两大阵营，当时它们都抛弃卢蒙巴而
当权了。其中之一是以蒙博托为首的金沙萨集团，他们背后有
美国和联合国的强力支持。这个集团的一大特征就是集团被一
小撮被称为宾扎集团的人所控制，包括约瑟夫·蒙博托、维克
多·内达卡（Victor Nendaka）、贾斯汀·波波可、达米安·坎
多罗和阿尔伯特·恩德勒（Albert Ndele）。美国通过这个集

团，特别是通过蒙博托，建立并巩固了在刚果的统治。另一个政治集团主要由卡唐迦的莫伊兹·冲伯及其政府组成，它得到比利时政府、在卡唐迦的比利时人以及上卡唐迦矿业联盟的支持。该矿业公司隶属于比利时矿业大亨——比利时矿业总协会，该协会控制着卡唐迦地区的矿业生产。①

人民叛乱　卢蒙巴被清除导致支持他的民族主义党派成为了反对派。这些党派包括卢蒙巴领导的刚果人民运动（MNC）、穆勒勒和吉僧贾领导的非洲团结党（PSA）、阿尼森·卡沙穆拉领导的非洲联合中心党（CEREA）以及贾森·森兑的政党巴鲁巴卡。这些党派主导的地区成为了刚果历史上反对派血腥的战场②。巴鲁巴卡领导了两次北卡唐迦起义（分别是 1960 年～1961 年和 1964 年），以反对卡唐迦省政府。基韦卢起义由非洲团结党的吉僧贾领导、穆勒勒策划。卢蒙巴死后，安东尼奥·吉僧贾成为刚果人民运动无可争议的领导人。他的党派领导了基桑贾尼、乌唯拉和费兹等地的起义。全国解放理事会在另一时期领导了起义。全国解放理事会于 1963 年建立，1964 年之后由嘎斯顿·苏米阿洛领导。嘎斯顿·苏米阿洛与刚果人民运动的领导人保持密切的联系，特别是与吉僧贾和克里斯托弗·安东尼·基本耶。他也干预了 1964 年北卡唐迦起义。阿尼森·卡沙穆拉的非洲联合中心党参与了乌唯

29

---

① 有关刚果的起义，参见弗汉根《刚果的起义》，1。

② 这些地区包括基韦卢、波罗波—穆什、乌唯拉—费兹及北卡唐迦。参见弗汉根《刚果的起义》。除了起义之外，还有暴动。有关这个主题，参见 J. 杰拉德—列布瓦等《刚果 1967》（布鲁塞尔：社会政治信息与研究中心【CRSP】，1969），365～415。

拉—费兹起义。①

导致人民起义的因素很多。肆意逮捕、折磨和杀害反对派领袖以及世袭酋长的现象大行其道，因为反对派领袖通常为民众说话，而世袭酋长被怀疑在默默支持着他们。全刚果民众对管理层的腐败和冷漠感到失望。省级高层领导都从外人集团中产生，通常对当地民众的需求关注极少，反而，他们利用公共财富为自己敛财，民众由此感到自己并没有享受到独立的成果。有财产的阶层和无产阶层之间的分化愈加明显。在刚果人看来，政治领导人并没有给他们带来更好的生活，而这正是他们所承诺的独立成果。所以，他们把起义者看作是"争取第二次独立的斗士"。年轻人就是这些受挫群体中的一些，他们加入起义部队，寻求改变人生的可能性。政府官员、墨守成规的世袭长官以及其他被怀疑反对革命的人都是清除的目标。他们同时把欧洲人看作是长期殖民压迫者。在有些地方，传教士也被列入此类要清除的欧洲人，但在其他一些地方，他们被看作是仍然关注平民生活的人。

在所有时候，压迫者和起义者都有民族标签。基韦卢起义的枭雄穆勒勒，是穆本达人。他的亲密盟友吉僧贾则属于班蓬达民族。穆本达人和班蓬达人是基韦卢起义的主力军。从民族上说，乌唯拉—费兹起义主要是由巴弗勒罗人和巴本别人参与的。卢蒙巴的刚果人民运动组织的成员和领导多数是巴库苏

---

① 有关蒙博托的独裁统治，参见麦克·G. 扎茨伯格《扎伊尔压迫辩证法》（布卢明顿：印第安纳大学出版社，1991）；及卡米塔图《金沙萨刚果的大谜团》。

人，他们在 1960 年来自基桑贾尼的吉僧贾政府占领这个区域时已经建立了该区域的政治机构。正因为这个原因，且由于他们被认为是外来者，巴库苏人成为了后来的政府和反叛者最大的政治压迫目标。

一系列政治种族对抗助长了反叛的氛围。从马涅马移民而来的巴库苏人和南基维地的原著巴库苏人之间的对抗就是一例。两个巴什酋邦——卡巴勒和恩格维舍之间也有冲突。还有一个例子是所有民族都反对巴什人在当地的人口数量优势和对土地的控制。在北卡唐迦，卢巴人的不同支派参与了 1960 年～1961 年和 1964 年的叛乱。1960 年～1961 年北卡唐迦的叛乱由贾森·森兑和老一代的其他成员领导，他们都曾参与独立运动。1964 年叛乱是年轻一代领导的，其中就有已故的洛朗·卡比拉，后来自恃为刚果总统（1997 年 5 月至 2001 年 1 月）。

30

人口伤亡数以千计，公私财产损失不计其数。这还不包括基础设施破坏和其他物质损失。公路和桥梁被摧毁，试图使受影响地区和其他地方隔离开来。

独裁和扎伊尔的捣乱分子　导致刚果陷入无止境的混乱的血腥事件远远不止上述提及的这些。比如说，在穆什、波罗波和基桑贾尼地区还有其他的叛乱。在阻止卡唐迦分裂时期还有内战。在基桑贾尼，刚果政府投靠雇佣军赢得战争的胜利，但内战结束后又得把他们赶尽杀绝。①

---

① 　这种联系其中一例就是与美国的希望矿床公司（阿肯萨斯）的联络，詹姆斯·C. 小麦克肯雷在 1997 年 4 月 17 日的《纽约时报》中写道："反叛者的新盟友：用公文包武装起来的人"。

圣灵节的绞刑　约瑟夫·蒙博托通过军事政变成为刚果的领导人之后，金沙萨发生了一件悲剧性事件。1966 年，圣灵节那天，4 个无辜的人当众被绞死。在法语中，Les Pendus de Pentecôte 的意思是"在圣灵节被绞死的人"。蒙博托清算他通过军事政变推翻的政府中的成员，让人民尝到了他恐怖统治的甜头，这 4 个人是：杰罗米·阿纳尼、依玛奴艾·班巴、艾瓦李斯特·金巴和亚历山大·马哈巴。

从刚果到扎伊尔　1971 年，蒙博托总统签署法令，将国家名称改为扎伊尔共和国，同时把自己的名字改为蒙博托·塞塞·塞科。扎伊尔和其他的新名字都预示着一场回归非洲价值观的运动，称为原价值主义。讽刺的是，扎伊尔本身是一个葡萄牙语词，源自一个非洲名词扎迪（Nzadi）。葡萄牙人在非洲海岸进行探索活动时，刚果人用扎迪这个词指代刚果王国时期的刚果河。

沙巴Ⅰ和沙巴Ⅱ　作为美国亲密的盟友，蒙博托成为了美国反对安哥拉马克思主义政府的代理人，支持其反对势力并将美国的武器运输给他们。为了报复他，安哥拉把先前卡唐迦军队的人给武装起来并送回刚果，这些人在卡唐迦分裂失败后成为了难民。他们于 1977 年和 1978 年两次侵入卡唐迦地区。在刚果历史上，将这两次入侵称为沙巴Ⅰ和沙巴Ⅱ。针对这两次入侵，刚果都借助外国部队将其驱逐。

扎伊尔的困难或扎伊尔的灾难　直到 1997 年 5 月，洛朗·卡比拉及其在卢旺达和乌干达的盟友才把蒙博托赶下台。在其任期内，他靠着恐怖和腐败统治全国。这些行为和其他各种不当统治导致民众感到长期的无序、挫败和痛苦。这种感觉

31

在法语里叫做扎伊尔困难或者用复数形式，扎伊尔灾难。清除真正的或是假想的政敌，不论是公开的还是秘密的，都充斥着整个蒙博托政府。在蒙博托的命令下，很多人遭到暗杀。皮埃尔·穆勒勒、库迪亚·库班扎、安德雷·鲁巴雅以及尊敬的姆平嘎·卡森达这样的名字只是其中一部分，蒙博托政府需要为这些人丧生负责。

32

蒙博托的士兵、他的执政党、刚果人民运动及其青年右翼组织、人民革命运动青年党（JMPR）所犯下的暴行以及由此造成的国家不安定状态，渗透到了刚果生活的每个角落。人权观察员、国际和当地媒体（不沉默的时候）都称在刚果存在肆意逮捕和殴打、征用、掠夺和杀戮、屠杀学生、强奸和各级行政管理层的腐败。

历经 32 年浩劫，蒙博托和他的政治随从、家庭成员以及境外盟友把刚果变成了一片赤贫状态。刚果曾是一个繁荣的国家，现在却位于全世界最贫穷、最没有希望的国家之列。为确保他的统治长久，蒙博托试图阻止任何组织的形成，以防止他们在军事上有能力从内部挑战他的地位。然而，当卢旺达军队对刚果进行军事占领时，他却不可思议地为他们让路。这种国内毫无任何抵抗的行为触动了洛朗·卡比拉，他于 1960 年代起从事反叛活动，借助卢旺达士兵来对峙蒙博托的富有手腕的将军们和军事长官们，这些官兵实际上已成为蒙博托的贴身保镖。

重回刚果民主共和国　1997 年 5 月，洛朗·卡比拉将蒙博托赶下台，并驱逐出境。随后他自称总统，给自己加冕，并将国名改回刚果民主共和国。必须注意到对刚果来说，够格的民主还不明朗。现在，跟蒙博托政治差不多，这个国家离民主还非常遥远。首先，卡比拉借助乌干达和卢旺达的军事援助将蒙博托赶下台，所以卢旺达人占据了他的内阁的关键岗位，并掌握了所谓的解放军的军权。军队恢复了示众鞭打的刑罚，这是殖民压迫的重要标志。从一开始，卡比拉就拒绝和真正的内部反对派合作，而这些反对派曾用民主的方式反对蒙博托的独裁。卢旺达和乌干达占据了刚果的大量国土，先前卡比拉政府的政敌中的卢旺达人以及之前蒙博托政府的军事支持者混杂在一起。另外，卡比拉采用军事统治，他的理由是战争需要。即使在上台之前，他已经授权外国公司或他自己建立的公司有权剥削刚果的矿藏，完全不顾如何提升刚果人民的生活水平。

33

第二章　宗教和世界观

要了解刚果人民的宗教行为，就必须了解他们对于存在超自然力量这事的想法，以及超自然力量是如何与人类生活互动的。首先，他们相信每个人作为神造物，其内部都有超自然的力量。这种内在的力量被称为生命力，给机体活力，也维持着生命①。如果给它换个名字，可以叫做生命之根本。人死了以后，生命之根本离开身体，成为了纯粹的精神，与先逝的亲友一道成为了"前人"。前人仍然活在他们在世的亲友的生命中，影响他们的行为，如果活人遵纪守法就嘉奖，如果倒行逆施就惩罚。除了先人以外，日常生活还受到别的个体的影响，这些个体通过启示或神性显现的方式将精神力量和自然力量结合起来。下雨、闪电和某些猛兽就是这种力量的来源。算卦者、巫师和治病术士都能通过给人注入超自然的力量而改变其状态。

仙人和具有超能力的人可以在个人和家庭两个层面发挥作

① R. P. 普拉希德·唐培：《班图哲学》，A. 卢本翻译（巴黎：今日非洲，1948）。

用。他们的行为，不论善恶，都会对目标成人或其后裔或其事业产生影响。村庄或是村际之间的集体行为时常伴随着宗教仪式，涉及不同部落的成员。他们向自然神灵或历史英雄神灵（比如已故的著名领导）祈祷。例如，集体狩猎或是集体为不幸而祈祷，时常能够将没有血缘关系的个体联系在一起。他们祈求著名猎人的神灵或森林的神灵以期得到保护或获得成功。在所有超自然力量之上的是造物主无限的权威与力量。造物主的力量时常提纲挈领，但却不怎么关系到具体事情。比如说，除非是老死，厄运通常被认为是先人给予的惩罚或是对作恶者恶行的刑罚。人们承认神是导致死亡的根本原因，但当死亡到来时，时常是祖先、巫师的责任，而不是神的责任。

1885 年，柏林会议召开，非洲被瓜分，随后比利时占领了刚果，刚果传统宗教成为殖民政府和基督教传教士迫害的对象。天主教传教士是殖民统治机构的组成部分之一。他们肆意压制人们的意愿。新教教堂里多数时候都不是比利时人，压迫感也没那么强，但还是坚决要改变刚果人从其祖祖辈辈的信仰，将其变为基督教信徒。基督教传教士据点建立之后，刚果人的先知运动和反对人类剥削的抗议都遭到了镇压。

这些运动的领导人都被判处死刑或被流放。1960 年，刚果脱离比利时，获得政治独立，刚果人民恢复了自殖民时期以来被剥夺的宗教信仰自由。结果，金邦教派——先知运动时期产生的一个教派并在殖民时期秘密活动——成为了主流信仰。今天它与天主教和新教一样，已是全国性宗教。国家独立也为大大小小的先知宗教打开了大门。作为一种双重遗产，新的先知宗教在外观和其教育上都有合璧色彩。他们不仅调整了宗教仪式和服饰，在某种程度上他们也重新定义了教义，结合了先祖的信仰和以欧洲为中心的基督教信仰。

在以下的篇章中，我们将讨论刚果传统宗教中的六大元素：人作为一种精神存在、祖先、自然神灵、历史人物神灵、超自然能力从业者以及造物主①。之后还将讨论宗教融合，首先是天主教内部，之后是金邦教派和其他先知宗教。

传统宗教中的元素

人作为一种精神存在

生命的精髓和重要要素便是人作为一种精神存在。它代表了万物皆有神性。神性渗透在人体各处，让其变得神圣，也就是，使其具有高尚的价值观。所以，刚果人把人体分为神圣的实体和肉体。肉体是人和动物都具有的，从肉体又衍生出体型架构。维继生命的要素也渗透在人的血液之中，这也是生命的必要元素。所以，血液的任何变化也会影响到生命元素。比

37

① 穆拉戈·格瓦·希卡拉·穆沙利马纳：《班图人的宗教传统及其世界观》（金沙萨，扎伊尔：扎伊尔大学出版社，1973）。穆拉戈总结了多位研究了芒果、刚果、巴什和其他刚果民族的人类学家的文章。他还特别关注莲贡贝派别，莲贡贝是个半神秘主义、半历史主义的英雄。莲贡贝派发源于卢旺达，在刚果东部也盛行。参见另外两部作品有关刚果人文化的专业解读：K. K. B. 福基亚，芒基：《非洲传统政治组织》（罗克斯伯金，马萨诸塞州：奥奈纳，1985）和 K. K. B. 福基亚：《自愈能力与治疗：非洲老技艺》（纽约：万太基出版社，1991）。

如，有魔力操控血液或流失血液都会导致人的精华的流失。作为一个实体（被生命元素渗透了的存在），人类具有离开肉体和驱壳的能力，可以独立运作。所以，比如说，一个人死了，他或她的生命元素继续存活，转移到库马沙，这是近水的一个地方，在这里生命可以永续。

人类的内在本质就是阴影。无论一个个体在哪里，他或她的影子也总是在那里。影子如此真实地反映着个体，若影子受损，个人生活也必受损。因此，一个成年人不会容忍有人在他或她的影子上行走。还值得一提的是名字的观念。一个人的名字是人格的一部分。因此，它会随着一个人的社会地位而改变。当一个人的人格发生改变，例如，通过入会仪式，这个人就会有一个新名字，以适应其新的身份。就像生命规则一样，一个人的名字在他或她的死后仍然存在。

土地神灵

通过死亡，一个人变成了纯洁的灵魂，和已离去的亲人一道，成为了祖先。和祖先神灵不一样，自然神灵从来没有以人类的形式存在过。他们来自于造物并继续如此。伟人神灵是过去英雄的灵魂。就像祖先神灵，他们存在于人类的肉体中。这三种神灵有时被统称为"土地神灵"。

祖先神灵　刚果人将祖先分为几类，这取决于一个人在地球上的生活方式以及他/她是如何死去的。最崇敬的祖先是那些离开了长老和部落中的高贵成员的人，他们在地球上过着模范般的生活，现住在祖先的村庄里，平静而快乐地生活。祖先的村庄在森林和河流附近的土地下面，运作模式和人类村庄相似，有男有女，有首领和臣民，和他们在现实世界职能一样。在现世中活得碌碌无为的亲戚和巫师是没有资格去往祖先的村庄里的。他们的形象通常会被做成身材矮小的塑像，丑陋且气味难闻。它们以人类的血肉为食，在水泉附近建造它们的房屋。他们只会去偷窃鸡、山羊和衣服。暴死之人，比如在征战中牺牲的开国元勋们或是遭暗杀或自杀的人，形成一个单独的祖先类别。最后，还有一类水的神灵，他们居住的小溪、泉水和池塘边。人们禁止从这些地方取水，甚至靠近这些地方都不行。水的神灵惯常会蹲在石头下或树根下，踩在他们身上的人会生病。

祭祖仪式　每一个刚果部落每周都有一天被指定为一个假期。在那天，祖先的祭司会来到祖先的房子里，带来一个装满棕榈酒的小葫芦。他会把一些从树上摘下来的叶子放到葫芦里，把酒洒在祖先的篮子里。然后他跪下来，在地上倒点酒，拿起一些湿土，在他的胸膛上擦拭三次。离开房子之前，他会拍手三次，向祖先寒暄。祖先是万物的提供者，包括繁衍生息、农业丰收、商业繁荣和打猎成功。四条腿带爪子的动物是祖先的财产。杀死这类动物的猎人必须依该动物的种类而履行所有的狩猎传统仪式，以表达对祖先的尊重和感激。酋长选定狩猎的日子，也规定狩猎前在祖先墓地祈祷的时日。猎人会带着他们的狗和枪去墓地。酋长会把棕榈酒洒在每个坟墓，而猎人会跪在酋长身后。酋长把祖先称为父亲、母亲和长辈，请他们喝酒，恳求他们祝福他们的后代，让其捕获猎物、人丁兴旺、家业兴隆。每个人击掌三次向祖先致意，随后出发狩猎。

自然神灵　生活在赤道省的蒙戈人普遍崇拜自然神灵。蒙

38

39

戈人认为自然神灵（bilima）有时是居住在村社区的丈夫、妻子和孩子。最慷慨的自然神灵让人蒙恩，使其子孙繁多，她们被称为祖母。在非洲有个传统，对于非常慷慨的人，人们总是会给他/她一个爱称叫"母亲"，即便这个人是个男的。这里用祖母一词的意思是说她们大量繁殖，长久不息。

自然神灵居住在神秘的地方，如漩涡里、泉水里或者陡峭的斜坡上。他们运用超自然的力量来造福人类，比如帮助他们发现小偷、报复敌人或者让人在打猎和捕鱼方面取得成功。从这些神灵中能够得到的最伟大的礼物就是生育能力和人丁兴旺。一般来说，他们的角色是在上帝面前为人类求情，确保人们各项事业成功，并得到全方位的祝福。有些个人通过自己的社会地位能够与特定的神灵建立联系，定期给他们供奉食物。有时提供食物只是让神灵吃饱，这与家庭自制的供品不同（不是牺牲），供品的目的只是专门用于为儿童祈福。

伟人神灵　位于刚果东部的基伍市的巴希人，敬拜一种名为莲贡贝的神。居住在大湖附近的国家（乌干达、卢旺达、布隆迪和坦桑尼亚）的部分族群也有这一做法。巴希人认为莲贡贝住在卢旺达，在那里他是一位就义的英雄。人们相信他的父亲是一个宗教教派的领袖。莲贡贝是一名了不起的魔术师，帝王经常请他咨询，随后他又继承了他父亲的地位。他曾与卢旺达国王卢甘祖·恩多里（卢甘祖二世）发生过争执。在那之后，他在狩猎聚会中被一只羚羊杀死。为了把莲贡贝的死提升到伟大英雄的层次，口传传统后来把羚羊说成了一只水牛，把他的追随者吹嘘成英雄，说他们因为表示对其效忠，在其死后集体自杀。他们的神圣之死后来被一场严重的流行病所

40

复仇，这是在卢甘祖二世之子穆塔拉一世统治期间卢旺达发生的一场严重的流行病。为了平息这些令人敬畏的神灵的愤怒，国王和贵族们命令整个卢旺达的国民开始崇拜他们。这是一个源自祖先崇拜的国家宗教的故事。

秘密社团 莲贡贝教徒通过洗礼加入到一个秘密社团。在洗礼仪式上，这个社团像是一个收养子女家庭。洗礼过程分为两个阶段，分别是将老手与新手分开、确认他们为新的精神牧师。洗礼过程始于一棵神圣的树，由牧师官（牧师的一种）代表莲贡贝神开始祭酒仪式。他在树上撒了水，然后给了候选人指示。每个候选人跟随牧师官复诵每一句诺言。候选人必须通过测试以了解他是否记住了莲贡贝神殿里各伟大神灵的名字。这个人发誓永远不会向非成员透露这个社团的秘密，并呼吁莲贡贝神，若他透露了秘密，则在任何时候都用各种各样的方式诅咒他。

超自然力量从业者

许多刚果人的故事讲述的是偶像崇拜者和女巫、释梦人和占卜者以及治疗师。偶像崇拜者和女巫伤害了自己不喜欢的人；释梦人和占卜者揭露了不幸的隐匿原因；治疗师抵消了邪恶的人的邪恶行为，并使他们的受害者恢复健康。下面的例子大多来自于彦希文化①。

偶像崇拜 偶像崇拜是给物体赋予能量。物体的能量并非

---

① "巴杨西人巫术和妖术的社会角色"，《经济与社会手册6》，第 2 期（1968）：203~235。

来自自然。某些具有超自然能力、具有一定社会地位的人，通过某些神秘的行动、购买或继承，给物体注入了能量，并使其受此人控制。权威人物，如长辈，往往是疑心的焦点，特别是在厄运、疾病、不孕症、事故或死亡影响到他们的下属时。受害者可能是权威人物为获得他的超自然力量和预期结果，如财富或晋升而付出的代价。同样地，家庭中年轻亲属破坏家庭规则（如对等级制度的尊重，承担分享财富或性禁忌的义务）也常常被怀疑为他们受害的动机。受害者可能不是那些破坏习俗者本人。通常他的一个孩子会受到伤害。

女巫　偶像崇拜中的超自然力量存在于一个实物物体中，如雕像、包、篮子或手杖。有些超自然力量存在于那些有意或无意地使用它们的人身上。具有这种能力的个体具有非物质的运作能力。他们不使用物理对象达到他们的目标。和偶像崇拜者一样，女巫通常都是具有一定社会地位的老年人，他们对受害者行使一定的权力：叔叔与侄子的关系、父亲与儿子的关系、村庄酋长和他的臣民关系。在这里，受害者也是个人，他们打乱了惯例规定的平衡。女巫在黑夜里运作。他们可能会杀死他们的受害者，或者只是让他们在物理上活着，而在精神上已经吃掉了他们。

释梦者　梦是一种隐秘的信息载体，预测着个人的未来，或者预示着祖先的意愿。梦也是个人和他/她的偶像之间的交流媒介。偶像崇拜者在晚上把梦放在床边，希望偶像能通过他们的梦给他们带来一些有意义的信息。总的来说，梦可能表达了祖先的不满，或者是一个活人的威胁。在某个情况下，一个人采纳了占卜者的建议，他将会被告知他或她的努力是否会成功。梦里的信息往往和现实是倒转的。例如，在彦希，梦见树边有个奄奄一息的孩子可能意味着猎人在他的下一次狩猎中会猎到一个大猎物。梦见有两个狐狸从村子里捉公鸡，可能在宣告这个村庄里会有孩子即将死去。

占卜者 在发现隐藏的不幸根源的过程中，最重要的角色是占卜者。当他们被咨询时，他们的判断是有限的。如果客户愿意，有些人有能力识别并杀死对不幸负有责任的人。有些是专门为儿童疾病而咨询的；还有的则只针对不育的情况。占卜的方法可能包括摇动一个装满玛瑙贝或硬币的袋子来研究他们的反应和动作。有时，一个占卜者在他或她的额头上放置一枚硬币，在他或她的膝上抱着一个偶像罐，在对着这个罐子问了一个问题之后，摇动他或她的头。如果硬币掉到锅里，反应是积极的；如果它落在外面，反应是消极的。有时，占卜者的任务是通过观察一个特殊的烹饪锅来鉴定一个特定情况的人的形象，他或她可能会用一根棍子挖泥土，同时根据棍子的提示列举出不同可能的原因，并要求客户选择。

42

造 物 主

刚果人民承认有最高的存在，即物质和非物质的所有存在的终极创造者。大家都对造物过程有清晰的概念。所有的民族都认为上帝对人类有所要求，且都形成了表达上帝的伟大和其他特性的固定模式以及上帝与人类及其他生物的关系。所有的人都会询问上帝关于人类的不平等、苦难和死亡等哲学问题。针对这些问题，扎伊尔大学卢本巴希校区的穆弗塔·卡本巴和他的学生对 20 个民族进行了研究。以下信息来自他们的研究成果。①

　　普遍相信有"至上存在"，是一切的造物主②。人们知道上帝，并用一个或几个名字来称呼上帝。从词源学上来说，比如乔科维人和桑嘎人对上帝的一些称呼，都源于"父亲"或"创造者"这个词根，这也就是承认"至上存在"是一切的造物主。在某些民族的认知中，有些名字是专门用于描绘造物主的灵性本质和作为一切之本的身份，即造物主比其他一切更为古老。庵巴人、克特人和 宋耶人就是这样的名族。宾贾人和许多其他民族认为上帝无处不在；其他民族，例如乔科维人和卢巴人，认为上帝在天上。

　　"至上存在"的与人类的关系如同父亲对儿子，一个是保护者，另一个是被保护者。简言之，这是一种依赖关系。大多数民族认为上帝通过他们族群的祖先与整个族群集体发生联系。少数族群，包括沙巴的卢巴人，主张个人之间的直接联系。所有的民族都把守法、同伴友爱和家庭团结看作是神的旨意。一般说来，上帝的要求和祖先的要求是一致的。这两者都是为了维护人类的统一和团结。

　　祈祷是人类与上帝的互动。那些得到祝福或经历过某种形式苦难的人可能会向上帝祈祷。经过特殊事件的群体，比如长期的欠收和流行病之后的丰收或是长久的干旱，往往都会用集

---

① "扎伊尔的传统信仰与宗教活动"，《非洲及其精神生活形式》（金沙萨，扎伊尔：非洲宗教中心，1990），175。

② 穆弗塔·卡本巴及其研究团队发现一个例外情况：伦达民族的一个分支——恩邓波人，看起来没有任何占卜观念。

体祈祷的方式与上帝互动。对上帝的祈祷通常始于这样或那样的"赞美之名",并以祖先神灵的召唤结束。有时,祖先的灵魂在神面前被唤醒。

赞美上帝的名字包括赞扬上帝的善良和宽宏大量。例如,他们可能会把上帝看成是创造了高山和峡谷的人,或者是最崇高的人,他们给予了老人和年轻人同样的东西。集体祈祷的特权属于代表祖先的权威人物:群体中最年长的成员(本巴人习惯是一个年长的男性;乔科维人或宾贾人可能是男人,也可能是女人;在庵巴人、克特人和卡塞省的卢巴人中,是一个宗族的男性首领;伦图人创始人的直系后裔男性中的最年长者)。

集体祈祷通常伴随着一些特殊的仪式或规程:庵巴人是在森林里一棵神圣的树下,宾贾人是在瀑布附近的一个岩洞里;克特人是在十字路口,或在一棵棕榈树下。人们会选在一天的特定时间里对上帝进行集体祷告:宋耶人是在傍晚;苏人是在黎明时分;维拉人要么在黎明时分,要么在日落时分。在向上帝祈祷的过程中,人们穿白色的考林服或穿着白色的衣服来遮盖身体。白色是心灵纯洁的象征。白布的四周有时会打成一个结,象征着与"至上存在"的统一。

对非洲基督教化

甲马阿运动、迪约多内占卜、金邦教会和新先知教会,体现了基督教和非洲价值观之间的四种联系。甲马阿运动是试图通过整合基督教中与非洲世界观中相兼容的原则来改良基督教。欧洲人对刚果人民的价值观和利益采取敌视态度，而金邦教会的诞生背景正是对这种态度的反对。迪约多内占卜使用圣灵来对抗巫术，这也是金邦教会常用的基督教武器；这在传统的非洲信仰体系中是一种根深蒂固的需要。新先知教会代表着两种宗教传统的融合，这些传统旨在满足城市外来人口、收入过低的工人和日渐艰难的中产阶级的精神和物质需求。

天主教变化的过程

天主教会在刚果的宗教中占据主导地位。在整个殖民地，天主教传教士试图将刚果人从祖先的宗教中转变过来。传教士主观地把这种祖先的宗教认定为异教，而认为天主教是唯一真正的宗教。他们在这方面所采用的所有方法都是基于欧洲的习俗。在殖民时期结束时，一些细微的变化开始出现。独立给刚果带来了更多的变化。

从基督教组织到鼓　皈依基督教始于洗礼。受洗礼的候选人先要经过几个月的指导。他们通常在周六进行洗礼。在之前那个星期五，准教徒被带去教堂忏悔他们的罪过，悔过并得到牧师的赦免和祝福，并执行牧师给他制定的赎罪苦行。最常见的悔罪包括重温苦路或背诵圣母玛利亚的玫瑰经。在这位候选人剃光头后，将水浇在他的头上，这就是洗礼。周日，准教徒们穿着他们最漂亮的衣服参加弥撒，并接受第一次圣餐。基督教父母的孩子在很小的时候就受到了洗礼。大约 12 岁的时候，他们被确认并接受他们的第一次圣餐。

对洗礼、确认、第一次圣餐或婚礼仪式的教义和指示都是教堂里规定的。所有的圣礼都是在教堂里进行的，除了最后一次涂油礼，那是在临终者所在的地方举行的。弥撒的顺序遵循了一种非常严格的规程。主祭者以规定的顺序背诵祷文、唱歌。"主祷文"，圣母玛利亚的玫瑰经和布道的背诵都是用当地的方言，以方便大众，而对那些受过教育的人则用法语。

圣经的阅读基本上仅限于神职人员，无论其是现职的还是在训练中的。教徒座位区摆满了长凳，面向布道坛。在刚果人和欧洲人共存的城市，有三种可能的情况。在一些地方，欧洲人和刚果人在各自的社区里参加不同的教堂。在另一些地方，他们参加的是同一座教堂，但享有不同的服务。有时他们也获得同样的服务，但是欧洲人坐在前面的椅子上，而刚果人坐在后面的长凳上。簧风琴和钟是在弥撒时使用的主要乐器。越是宏伟的教堂，如大教堂，自然也越是有更令人印象深刻的乐器。

在20世纪50年代末，非洲的元素开始出现在教堂服务中。首先出现的便是由格雷戈勒·伦图瓦作曲的弥撒卢巴曲。格雷戈勒·伦图瓦是个土生土长西卡塞人，曾就读于卡比大神学院。弥撒卢巴曲是用拉丁语唱的，但曲调借用自"卡萨拉"。卡萨拉是古卢巴帝国的后裔——西卡塞各民族的英雄赞歌。刚果的独立为其他影响打开了大门。逐渐地，在许多地方，为大众提供的教堂服务采用了人们通常所说的民间大众的形式。这些群众融合了非洲的歌曲、节奏和乐器。在基督教的服务中，最常见的非洲乐器是沙锤和鼓。有时，那些一度被视为异端的舞蹈，也在教堂中为上帝演出。

从教义问答到讲故事　教义问答是天主教传统中最典型的训练工具。在教义问答中，基督教的教义和实践被简化，用问

45

题和回答的方式呈现。当教义问答不是某一特定训练环节的的核心时，便从圣经中挑选出一些问题或段落来引入当天的主题。20世纪50年代，在卡唐迦省的科尔维茨市，人们用非洲的故事来教授基督教的经文。这种方法从科尔维茨发源，渐渐扩展到了卡唐迦省的其他地方以及两个卡塞省，尤其是在刚果独立后发生的血腥事件之后。这种做法被称为"甲马阿运动"，该运动保留在罗马天主教会中，以此体现其统一的根本原则。这种教学源于普拉希德·唐培神父，他将其定义为对布蒙图的追求，布蒙图是非洲人认为的三大个人核心价值观。①这三个价值观是生命力、生育力和爱的纽带。唐培神父和他的门徒们都认为甲马阿运动是一种精神状态，或者是一种意识，应该让每一个真正的基督徒都有活力。

在实践中，甲马阿运动首先是一种教学方法，这是一种将非洲技巧用于教育的方法。从战术上讲，甲马阿运动的教导是通过各种各样的民族的寓言、动物故事和神话来传达的；这是为了促进甲马阿成员之间的民族团结。特别是教学（教育）故事强调特定的价值观。一个很好的例子是铁匠的儿子的故事，他认为自己比父亲更有技巧，也更优秀。然而，后来，他遇到了一个无法解决且危及生命的问题，不得不向他的父亲寻求建议。这个故事的寓意是，离开生命之源就没有生存之道，而胜利就在于善用祖先的集体智慧，就像父亲传给儿子那样。

---

① 约翰尼·法比安：《甲马阿：卡唐迦的克里斯马运动》（艾万斯顿出版社，伊利诺伊，西北大学出版社，1971）。

反巫术运动

巫术信仰在刚果人民的灵魂和思想中根深蒂固。巫师是邪恶的人，他们使用超自然的力量去伤害其他人。他们可以用神秘的方法来消灭别人。与这些人的斗争是旷日持久的。在有强烈的社区意识的情况下，反对巫术的斗争通常采用一种集体的形式展开，目的是保护和促进整个村庄的福利，而不是某个单个的家庭。 46

以社区为基础的反巫术方法　在 20 世纪 20 年代，在赤道省、卡塞省和匡果省①的不同地区，产生了一种强大的以乡村为基础的反巫术运动。某个村庄以集体宣誓的方式加入了这场运动，他们在集体仪式上反对巫术及其恶毒咒语。违背誓言的人如果不坦白自己的罪行，就会生病和死亡。每隔一阵子，或每当社区遭遇厄运时，村里就会召集集会，所有人都在集会上重申他们打击巫术的决心。

尽管这场运动始于比利时对刚果的殖民统治之前，但它在 20 世纪的影响力不应被忽视。在 20 世纪 30 年代早期，在下刚果地区和匡果地区，反巫术仪式起初融合了咒语和仪式，目的是把欧洲人赶出去。特别是在 1931 年的庞德起义中，又融入了一种被称为"图培雷培雷"的仪式，目标是迫使欧洲人离开，让祖先回来控制刚果。后来，在基督教传教士的影响

---

① 詹·万熙纳："卢可什/卢庞布拉：卡塞和匡果地区宗教派别史（1920~1970）"，《非洲史研究》，5（1973）：51~97。万熙纳调查了刚果多地从1920 年到 1970 年间的反巫术运动传播。

下，人们开始在宗教仪式中使用祝福的水来去除巫术受害者身上的邪恶力量。1937 年，王达，一位在上桑库鲁地区的卫理公会派教徒建立了一个集合了非洲传统仪式、天主教仪式和卫理公会传统仪式的教派。实施祭礼的步骤包括忏悔、支付会费、用水洗礼、吞下一种由树皮制成的药剂，或者在祭礼对象身体上的切口上擦药水。据称，基督教元素与非洲当地传统结合得越好，也就越容易被当地百姓接受，像圣歌、公开忏悔和名誉头衔（例如，当地领袖们有使徒、主教或教皇之类的头衔）都是很好的例子。

巫术不断增长的现实威胁使得对有超自然力量的占卜师的需求大大增加，他们能发现人类苦难的隐藏原因，并提出了拯救巫术受害者的适当行动计划。精神整合是最强大的占卜形式之一。它发生在特别的仪式上，包括打鼓，唱歌和跳舞，最后达到了恍惚状态。鼓声和歌声邀请了魂灵，据说魂灵能揭示出特定的不幸的原因。在恍惚状态中，魂灵发出一些不清晰的词语，只有一些具有特异功能的人才能解释。这些话揭示了魂灵活动的秘密。如果神灵或占卜者发现邪恶是源自巫术，那么就需要对受害人施以特殊的仪式，让他或她"呕出"这些恶。

迪约多内的占卜　巫术认为，对人或其财产造成伤害的邪恶力量是居住在人体中的。在偶像崇拜中，这种能力虽然由人控制，却是被安置在一个物体中的。在一些地区，反巫术运动的目标是摧毁偶像崇拜。反巫术运动的一个分支叫做迪约多内，专门针对在匡果地区发展起来的偶像崇拜现象，他们多来自于传教士和金邦教会。迪约多内以上帝之名行动，但从著名的偶像卢蒙①中获得了占卜能力。他们的任务是毁掉雕像和其他偶像崇拜的物品。他们应个人的要求进行破坏活动。那些个人他们在自己的生活中经历了一些不幸，怀疑存在着一些隐藏的偶像借用着他们的名。

国家允许一些迪约多内占卜者破除偶像崇拜，并将从事偶像崇拜的个人告上法庭。占卜的过程，以一种恍惚状态达到高潮，通常以用基督教的圣水进行自我净化开始，接着是对上帝或圣人唱赞歌。在恍惚状态中，迪约多内与死者的灵魂进行了交流，死者的灵魂会告诉他们那些该被毁坏的偶像藏在何处。发现偶像藏身处之后，迪约多内会献祭一只鸡来补偿毁坏偶像可能带来的损失，随后就真的将偶像毁坏了。

圣灵　随着圣灵被某些基督教仪式采用（特别是五旬节派），圣灵取代了占卜。就像占卜一样，圣灵也是在恍惚中揭示了秘密。这些秘密，就像那些有偶像崇拜的人一样，是一种只有少数几个超凡者（被称为先知）才能解释的语言。这种"受害者呕吐"的仪式也采用了一种新的形式——驱魔。在这个基督教版本的巫术中，处于恍惚状态的先知被圣灵赋予力量来实施驱魔，将邪恶力量从受害者身上驱逐出去。

先知运动

早在 1906 年，刚果的基督教教会就成为了受宗教启发的反抗运动的孵化器，他们把传教士描绘成殖民代理人和刚果人

---

① 有关迪约多内占卜者，参见"巴杨西人巫术和妖术的社会角色"，217～219。

民的敌人。在这些运动中，规模最大、最让殖民政府害怕的莫
过于"金图迪"，这是由先知西蒙·金邦①于1921年创立的。

先知西蒙·金邦 1881年9月24日，西蒙·金邦出生在
下刚果卡塔拉克特地区的恩坎巴。他在完成了浸礼会学徒
（成为教友之前）之后成为了一名新教传道师。金邦回忆说，
在1921年4月4日的晚上，他与耶稣基督有过一次私人会面，
耶稣把他的使命托付给他，让他调解对他不忠的追随者并使其
皈依。当时，天主教传教士是刚果的殖民力量中不可或缺的一
部分，他们都有征服者的狂热和霸道行为。此外，该地区
（事实上是整个刚果）的天主教徒和新教徒都生活在一种混乱
中。金邦感到无法调解，他便离开了村子，在金沙萨找到了一
份工作。不过，他解释道，一个神的声音反复呼唤他为基督工
作。最后，他回到村子里，致力于福音和农业。

有一天，据说金邦把他的手放在一个生病的女人身上，就
把她治愈了。在此之后，据说他以基督之名也创造了许多其他
的奇迹。当他的奇迹传播开来时，周围村庄的一群追随者开始
围在他周边，前来治病和倾听他的话语。结果，天主教传教士
对他非常不满。按他们一贯的做法，殖民政府要求新教使团办
公室给一个解释，因为金邦在为他们工作。由于害怕政府的制
裁，新教传教士们公开反对金邦。1921年6月6日，比利时

_____

① 有关金邦教派的信息是基于作者本人与尊敬的卢森·卢坦迪拉先生及其
夫人马玛·让倪·卢基巴沃·卢坦迪拉的大量采访。卢坦迪拉在金邦教
派秘书长的位置上做了40年。他还将其个人图书馆里的文字材料与作者
分享。

人逮捕了金邦，指责他煽动民众反抗，并教唆民众拒绝缴纳税款。1921 年 10 月 3 日，他们判处他死刑，并将在第二天执行。然而，比利时国王阿尔贝一世将他的刑期减为无期徒刑。金邦在卢本巴希（伊丽莎白维尔）被监禁，于 1951 年 10 月 12 日去世。

金图迪运动　刚果的殖民当局曾希望金邦的理念会随着他的被捕而被消逝，但事与愿违，许多追随者通过集体祈祷和布道继承着他的遗产。和金邦一样，金图迪运动的领导人也被逮捕，并被驱逐到殖民地的偏远地区，那里没有这种运动。然而，这一运动仍在秘密进行。从农村地区开始，它在 20 世纪 50 年代蔓延到金沙萨市。其主要支持者是卢森·卢坦迪拉，他是殖民地政府的一名雇员，他能看到那些因金图迪运动而被流放的人的详细案件卷宗。

金邦教会　在 1959 年 1 月 4 日的民众起义之后，金邦教会开办了自己的学校和医疗中心。终于，在 1959 年 12 月 24 日，金邦教会正式得到承认，其总部位于金邦的出生地恩坎巴。先知的儿子约瑟夫·迪安根达成为了教会的精神领袖和法定代表，卢森·卢坦迪拉担任秘书长。为了吸引更多的成员，教会将其官方名称从"金图迪"改为"先知西蒙·金邦的现世基督教堂"。今天，教会宣称在几乎所有的刚果省份和九个非洲国家都有分支机构。在非洲大陆之外，金邦运动领导人声称在比利时、法国、德国、荷兰、葡萄牙、瑞士、加拿大和美国都有其成员。

金邦教派的教义　从其名称"先知西蒙·金邦的现世基督教堂"可以归纳出金邦教派的教义。金邦教派教义的核心

49

是相信耶稣基督是神的儿子，是人类的救世主。先知西蒙·金邦是他在地球上的见证人，也就是他的特殊信使。金邦主义者相信神圣的三位一体和圣灵的力量，包括用手来医治病人的力量。他们认为他们有宗教义务来爱上帝，也有义务通过基督来爱他们的同伴。换句话说，所有人都相信上帝是"至上存在"和宇宙的创造者。他们不喝酒也不抽烟。他们实行单配偶制度，谴责多配偶和各种形式的暴力，无论暴力的目标是什么，也不管是在政治领域的暴力还是其他领域的暴力。

金邦教派精神纪律　金邦教派的信徒每天在从事任何活动前或特定的时间都需要祈祷。时间包括：上午 6 点和 10 点；正午；下午 3 点、6 点和 10 点；午夜；凌晨 3 点（如果可以做到）。金邦教派信徒也会在成员住所举行精神之夜。在迎接重大活动的时候，他们举行特别的祈祷会。周日的服务实际上是全天的活动。也有一些日子是献给神的，每个月有两天，要用特别的礼拜仪式庆祝，配以赞歌和圣乐。在这种情况下，他们会在大型的遮阳篷下举行集会。如今，在人口过剩的教区里，他们甚至在遮阳篷中定期举行礼拜仪式。

50　　**金邦教派社会担忧**　从某种意义上说，金邦教教会取代了前殖民时代的社区事务所，社区事务所是人们讨论影响社区的所有问题的地方。礼拜天，在礼拜仪式之后，教堂的成员们在教堂里度过余下的时光，讨论社区利益的问题。他们在男女、青年和老人之间举行募捐竞赛，为社区建设项目、农场、教育或卫生筹集资金。

新先知教会　独立后的时代经历了圣灵降临式的魅力教会

的复兴。① 1960 年刚果独立后，宗教迎来了自由。20 世纪 70 年代蒙博托提出"回归真实"的理念，强化了将非洲祖先的元素和犹太基督教圣经传统相结合的趋向。例如，先知的责任是寻求圣灵的指引，以帮助信徒解决他们的健康问题。圣灵在恍惚状态中向先知告知疾病，及其成因和解决方案。圣灵能够指出的问题包括：违背祖先或神的律法、邪灵、偶像崇拜、奸淫、贪婪或巫术。有时，先知会用驱魔的方式来将客户从巫师或恶灵的力量中解放出来。驱魔仪式有两个方面，一个是正式的，一个是非正式的。正式的方面包括赞美诗、祈祷、阅读圣经和精神指导。非正式的方面包括拍手和跳舞，还有其他的仪式。

　　从 20 世纪 80 年代开始，一场浩大的经济危机使得先知教会数量激增。这场危机使许多社会群体脱离了业已根深蒂固的社会关系网：移民、单亲母亲、破产中产阶级雇员、无家可归者，等等。先知领袖的吸引力以及他们将不同背景的人融合在一起的能力促使这些被剥夺权利的人去寻找除了传统的祖先崇拜、天主教弥撒或新教服务之外的宗教体验。此外，先知教会在成员之间培养了一种平等的感觉。每个人都有平等的机会通过祈祷、异象和精神融入来直接接触圣灵。为了象征他们的平等，每个人进入祈祷室时都不穿鞋子、不佩戴手表或珠宝。

---

① 这一部分大量参考了热尼·德维希的"耶稣的掠夺：治愈教会和金沙萨的村镇化"，《非洲：国际非洲研究院杂志 66》，第 4 期（1996），555～585。

第三章　文学与传媒

　　文学和媒体都是交流手段，它们用声音和文字来传递信息。刚果文学有两大趋势。一种趋势是复古。这类文学作者都试图去记录下口口相传和记忆中的刚果传统。与此类趋势相关的文学类型有言语辩论、播放歌曲、讲述动物故事和传说、谚语、赞美诗和戏剧。另一个趋势是直面当代刚果社会的弊病。这类作者通过小说、诗歌或其他叙述形式描绘殖民压迫、种族冲突、政治叛乱、权力滥用、反叛入侵和种族清洗等主题。这两个趋势并不相互排斥，事实上许多作家兼属于上述两者。本章仅介绍其中一部分内容，远不能代表当今的刚果文学的全部。

　　大众媒体是以大量受众为对象的传播媒介。在刚果，信使和公开演讲仍在广泛使用。另外，古代的权威人物也使用了长笛、裂缝鼓和手鼓传递特殊信息。刚果的现代传播媒介是殖民统治时期引进的。很长时间以来，无线电报是唯一可用的现代媒体。随之而来的是更为复杂的媒体，如收音机和之后的电视。传教士引进了纸媒，很快被政府采用。一段时间后，企业也采用了出版物。

重建古代文艺遗产

在刚果家庭中，儿童的童年智力开发有许多形式，如数数 54
歌、单词音节的反转、谜语和字谜。这些及其他形式的学习通
常需要在学习者之间形成某种竞争。数数歌和音节反转教学的
过程需要学生自发地给予响应。相比数数歌和音节反转，学习
谜语、字谜以及其他各种材料，例如动物故事、传说、谚语和
史诗歌曲，则要求更高。因此，学习这些材料时他们强调理解
和应用，而不是速度。

口头辩论和游戏歌曲

口头辩论和儿歌竞赛要求学生准确、迅速地背诵数数歌、
倒字、谜语或字谜。学习者须严格遵守规则，违反规则会被鄙
视并被开除出比赛。这种教学的目的是让年轻人掌握辩论和报
告中的重要技能——口头表达能力。最直接的目标是练习舌头
的柔和度、正确的发音、感知和对声音、旋律和节奏的辨别
力。比赛时需背诵的短语、诗歌、数数歌、字谜和歌曲都极富
文化价值。因此，这样的练习不仅仅是练习语言表达，其包含
的社会价值观也是文化传承中不可或缺的。

计数韵律歌　用手指有节奏地计数可能是非洲最普遍的儿

童习得数字的方法。① 给每个手指赋予名字，并以固定的顺序说出这些名字。在刚果文化中，手指的名字是具有描述性的，每个名字都暗含了各个手指的大小、位置或功能。把班亚·比伍沙人语言中的手指名称翻译成英文是：小指、小指的大哥（无名指）、长指（中指）、倒数第二指（食指）和最短手指（拇指）。恩贵人的孩子手指歌通常唱两轮：首先从拇指到小指，然后从小指到拇指。恩贵语中的手指名称翻译成英文是这样的：村长（拇指）、争吵指（食指），永远赶超不上的手指（中指），棕色的皮肤和美女（无名指）和没有老人和小孩的家庭（小指）。

55 　　除了唱韵律歌，还有许多其他方式能帮助卢巴儿童学习并记住手指的名字。每个手指的名称由两个单词组成，词的长度大致相同。数手指的时候是这么做的：用右手的拇指和中指依次捏住左手的手指（从小指到拇指）并摇动两下，嘴里说"这是……"。像这样：

　　　　　Eu ntengana ntengana 这是小指。

　　　　　Eu mmulonda ntengana 这是小指之后的手指。

　　　　　Eu mmunu wa munkulu 这是中指。

　　　　　Eu mmuinshi kelakele 这是食指。

---

① 姆弗塔·卡本巴研究了刚果超过 23 个社群中的口头竞赛游戏。以下篇章就是在基于其在该领域的研究上完成的。这些关于口头竞赛游戏的描述请参阅卡本巴的《口头文学及公正性（II）：基韦杂志》（卢本巴希，扎伊尔：MPR/UNAZA，1974），55～67。

Eu ke tshiala mwabila 这是拇指。

计数活动会从手指延伸到左臂的其余部分，包括：

Eu mbutshila kanyinyi 这是肉架（封闭的手掌）。
Eu nyunguluja diboku 这是手臂周围（手腕）。
Eu nkongoloja muana 这是摇篮宝贝（左臂曲线）。

计数韵律歌被用来教授儿童有关其周边物理和社会环境的重要特征。卢巴儿童在成长阶段被要求有节奏地背诵十只动物的名称、十条河流的名称、十位酋长的名字或十个重要的集市名称。恩戈班迪人的孩子们比赛交替背诵动物名称和鱼的名称，满分十分。阿鲁尔人的孩子背诵自己的家谱。[①]

单词音节反转　语言教学中广泛使用的方法之一就是让孩子们反转单词中的音节顺序。这种反转游戏需两两合作完成。第一个人很快地将单词的音节顺序打乱，而另一个人需要迅速将该词的正确形式说出，反之亦然。例如，如果说英语的凯特儿童受到凯特文化（在刚果）的教育，一个合作伙伴在游戏中会快速地说出这样的一句话："gerriama sespposupre velo"，他的游戏伙伴应该很迅速地回答道："婚姻的前提是爱"（marriage presupposes love）。反过来，第二个合作伙伴会说："贫穷是诟病"（poverty is vice），第一个伙伴会迅速回应："tyverpo is cevi"。

---

① 卡本巴：《口述文学及真实性》，67~70。

谜语和字谜　小小孩使用韵律歌，大一些的孩子通过其他方式进行教育，如谜语、字谜和谚语，旨在赋予更深刻的意义，让智力反应得到更高层次的发展。谜语和字谜在儿童智力教育中占有重要地位。有一些民族给这两个概念赋予了不同的名称。例如，本巴语中代表谜语的词为 ifityoleko，其意思是"智慧测试"，而字谜则表示类似于蜘蛛网的东西，意思是发现头和尾是很难的。雅卡语中也使用了两个不同的单词：谜语叫 bitimbwa 或 bitangi（"会明朗的事物"），字谜叫 biswekama（"隐藏的东西"）。其他民族则用一个名词来混指这两个概念。例如，比拉语中（Bira）的坦达基马（Tandakima）、洪德语（Hunde）中的恩嘎布里拉（ngabulira）都可以用来既指谜语又指字谜，可互换使用。

谜语竞技以游戏的形式进行，节奏很快。在比赛之前，参赛者约定无法快速答上问题的惩罚措施：罚款或是象征性的惩罚。字谜需要更长的思考时间，因此发现隐藏的意义比给出快速反应更重要。

游戏歌曲　有了数数韵律歌和音节倒转游戏之后，小孩可以在没有成年人监督的情况下自由练习。他们也玩其他游戏。例如，卢巴小女孩玩一个名叫阿瓦恩萨比的游戏。这个游戏也需要两人一起玩。玩家面对面站着，交替用平行和十字交叉的手势撞击对方的手掌。然后每个人用她的手掌击打她自己的膝盖，也是交替使用平行和十字交叉法。当她们这样做时，她们嘴里唱着"阿瓦恩萨比"这首歌，同时快速跳上跳下，游戏速度非常快。谁打破节奏或漏击或漏跳就输了。

青少年有自己的游戏，他们会在大人的面前自由地谈论某些让他们不舒服的事情。有些游戏会在晚上进行，在室外，在月光下。许多晚间的游戏包括舞蹈和歌曲。男女青年都会参与。

游戏恩苏扎 一些伴随着年轻人晚会的歌曲游戏传递着道德信息。刚果作家巴图可赞戈·扎蒙嘎讲述了两个他年轻时候的故事，批评公社成员私下从事违禁活动，还自以为没人会知道。[①] 一首歌讲述了恩加比迪拉和扎勒马尼秘密品尝豺肉的故事。这种肉是被禁食的，因为豺被认为是野狗。而他们的借口是，豺不是狗，因为狗已被驯化而豺是生活在野外的。这首歌曲提醒他们，狗就是狗，无论是被驯化了的还是野的。另一首歌谴责了两个男孩，诺埃尔和旺加，他们偷了一个大公鸡，而当他们在森林里忙着煮鸡的时候被抓获。他们搬弄是非，说那是一只老鹰。这里有两个不可否认的事实：第一，鹰和鸡的羽毛不同；第二，即使他们抓的是一只老鹰，森林也不是人煮食鹰肉的地方。人类在村里煮食肉类，而不是在野外。

57

动物故事和传说

动物故事中蕴含着道德。传说是代代相传但无法考证的故事。变色龙和豹子的故事以及宋耶传奇故事卡鹏郭和卡库什都是出自卡塞。变色龙和豹子故事提醒人们要留意各种迹象，也要相信直觉。同样地，轻信他人或反复无常的代价也是巨大的。最终，这个故事告诉我们，如果相信了一个曾威胁你的人

---

① 巴图克赞加·扎门加："特别喜爱的游戏"，"乡村记忆"，《中非的法语文学》（巴黎：纳坦出版社，1999），210。

的甜言蜜语，那么你就傻了①。在宋耶乡村，卡鹏郭和卡库什的传说被说给青年人听，告诫他们戒绝懒惰和盗窃。它警告人们，如果人们违反了社会和道德准则，死后等待他的只有折磨。正如标题"死亡之地"所述。②

"变色龙和豹" 豹与变色龙一起缔结了一个友好协议，还请变色龙吃饭。然而，变色龙对豹的好意持怀疑态度。当豹回访变色龙时，变色龙并没有欢迎它，而是爬上了树。豹子吼着让它下来并跟自己——它值得信赖的朋友——打招呼，变色龙扔下一根树枝说：我在这里。豹子一下扑上这根树枝，用牙咬住并将它撕得粉碎。豹子发现变色龙其实没有下来的时候，它又要求变色龙下树，以尊重双方的契约。变色龙跟它说它怕豹子会像对待树枝那样对待它。猎豹就回家了。后来，变色龙再次做客猎豹家中，猎豹屠宰了一只大山羊，他们一起享用了羊肉。猎豹也再次造访变色龙，这次变色龙又爬上了树。同样地，这次猎豹让它下来，它又扔下了一根树枝，猎豹又一次用牙将树枝咬得粉碎。变色龙说：你看，我怎么知道你不会像对待树枝那样对我呢？猎豹反驳说：我们不是在饭桌上有过约定吗？听到猎豹这么说，变色龙就下了树，猎豹跳上去一把抓住了它，将它撕得粉碎。从此，变色龙再也不从树上下来了。

"在死亡之地" 这是一个叫做卡库什的人的故事。他一直偷别人的农作物和财产。每次他会通过变魔术而逃脱世俗惩

① 利奥·弗罗比尼乌斯：《卡塞河沿岸的大众神话和传说》（波恩：国际出版社，1983），299~300。

② 弗罗比尼乌斯："死者的故乡"，《大众神话和传说》，48~50。

罚。最后他被驱逐出村里，因为有一个小男孩证实看到此人偷了一只鸡。他跑进森林，森林里有一个声音在呼唤他，让他靠近这个声音。他靠近发出声音的地方，却只看到路中间有一棵大树，树干靠近底部的地方有个大洞。有个声音让他进入这个洞里，这个洞其实是通向死亡之村的隧道。死亡之村很大，卡库什发现了这些年村里死去的所有人，包括他的母亲、父亲和兄弟，他们个子都很矮。他们长发及肩，足部被前后扭转——脚跟在前，脚趾在后。

妈妈给他甲虫和蠕虫吃，但他完全没有碰他们。母亲告诉他："这里的习俗是把他们吃完。"母亲告诉他，这里的人都不喜欢活人，所以她不得不把他藏起来。晚上，妈妈把卡库什藏在一个坑里，上面铺了一块垫子。后来他父亲回家了。他个子很小，脚被前后扭转，头发很长。父亲坐在垫子上，正好压在卡库什的脖子上。卡库什感觉不舒服得要死，但父亲仍没有站起来。母亲低声警告卡库什：如果他叫出声来就会没命的。过了一会儿，父亲出去了。母亲很快把卡库什放在篮子里，将他藏在阁楼上，并再次警告他不许叫喊，否则肯定没命。

父亲回到家里，点起了火。烟雾飘向了卡库什的眼睛。卡库什开始呻吟："我不能忍受了。我要死了，我真的不能忍受，我要死了。"父亲叫来了邻居们，大家搜查并发现卡库什藏在阁楼的一个篮子里。卡库什下来后，他的父亲问他："谁把你藏起来的？"卡库什说："我母亲。"父亲把所有人都召集来，大家全数到齐。他们个子都很小，个个长发及肩，脚趾在后，脚跟在前。他们抓住卡库什并将他杀了。然后，他们将其母亲驱逐了出去。因其窝藏犯罪分子，她已不是这个社群中的一员，所以被驱逐了。

她的母亲离开了那边，前往她活着的时候住过的村庄。然而，所有人见到她都逃跑了，包括她仍然健在的儿子奇腾加。人们见到她的样子感到害怕，她很苍老，又很矮，脚跟在脚趾该在的位置，头发很长。人们被吓到了，奔走着离开了村庄。更糟糕的是，暴雨来临，洪水席卷了一切，包括房子、香蕉树和田地。卡库什的母亲来到村庄所在的位置，但一切都已不复存在。她成了精神错乱的幽灵。

谚语

谚语是关于现实生活中所观察到现象的热门话题。他们构成了非洲哲学和教育方法的支柱。作家克莱门汀·菲克仁祖记录了许多来自刚果不同地区的法文谚语并作了注解。她的信息来源包括一些城市里的居民，他们将其家乡话中的谚语都记录了下来。

来自上刚果和卡塞的谚语　其中一些谚语起初是由生活在金沙萨（祖上在上刚果地区）的人用斯瓦西里语写的。这里把6个谚语列在一起，他们在卡塞语中都有对应的表达法。①

上刚果：如果你有一个兄弟在有价值的地方工作，你就不会被轻视。

卡塞：所谓好运就是已有一位亲戚在瓦房里。

---

① 克莱门特·法伊克—恩祖基："卡塞的卢巴谚语研究方法论论文"（论文，圣心中等师范学校，金沙萨，1967），200～207。

解释：做事的时候有熟人就好办了。

在收获时节，卡塞村庄的妇女时常要用公用的臼剥蚕豆。一般来说，后来者需要等待一阵才能轮到她们。然而，如果有人发现她们的亲戚已经在那里剥了，就可以说她们是一起的，从而插队进去。前面两则谚语表达的就是如果有亲戚或熟人，通过他们的干预能够帮助获得一份工作或得到其他好处。

上刚果：大象永远不会丢弃它的牙。

卡塞：邻居孩子的粪便闻起来总是臭的。

解释：父母总是偏爱他们自己的孩子，即便别人不喜欢。

有些残疾的或无法适应社会生活的孩子的父母会使用上述谚语来堵住其他父母的嘴，以免他们嘲笑、戏弄或批评他们孩子的状态或行为。

上刚果：在火势失控之前扑灭它。

卡塞：让这只呱呱叫的鸟儿失声，免得它给整个村子制造噪音。

解释：这些谚语是建议人们改正不好的习惯，以免无法收拾而对社会造成危害。

个人行为是社区价值观的反映。良好的行为会为社区形象增色，而不好的行为会玷污社区形象。传统价值体系认为社区

60

成员对外作恶的责任需归咎于该社区。

> 上刚果：耳朵不会长得比头高。
>
> 卡塞：肩膀不会高于头。
>
> 卡塞：孩子永远不会超越他的父母。
>
> 解释：孩子们不会在生活经验方面超越父母。

有的年轻人认为自己无所不知，无需把成人作为学习的榜样。这些谚语就是讲给他们听的，是在提醒那些自恃傲慢、缺乏对长者足够尊重的人：不论取得多大的成功，都不能成为不尊重长者的理由。

> 上刚果：欠债是真穷。
>
> 卡塞：先还债，之后随你养羊养鸡。
>
> 解释：第一个谚语是说那些还不起债的人是真的穷。

61　第二个谚语该这么解释，除非你先还债，不然养殖山羊和鸡也不会给你带来财富。

> 上刚果：一个孩子总是回到父母的家里睡觉。
>
> 卡塞：孩子，时间会叫你回家的。
>
> 卡塞：雨会为卡鲁姆指明回家的路。
>
> 解释：在村里，即使年轻人玩到深夜，他们最终会回到父母家里睡觉。当他们遇到危险，他们会回到家里。

有些行为失当的孩子以为自己不回家就能免于惩罚，这些谚语就是说给他们听的。这是在提醒他们夜晚的黑暗或其他不安全因素都会让他们回到家中。

赞美诗和戏剧

家乡 克莱门托·法克恩祖基的有一首赞美诗名为"Muetu Mundela"（我的家乡），诗中她高度赞美她的家乡是一个充满力量的地方，那边有鳄鱼、河马、水牛、麻雀、狮子和豹子。该地生物与亡灵、老人与青年、恋人们和平共处。[1]

恩肯基 与其他文学体裁类似，戏剧也是兼具传统性与现代性。"恩肯基的四个时期"描绘的就是一个传统主题，而"我痴痴地爱他"就是现代主题的代表作。恩肯基是一个舞蹈剧的名字，反映了刚果人民神圣的宇宙秩序观。[2] 恩肯基这部剧的主题是虚荣、骄傲和贪欲。恩肯基算不上美丽，却还看不上村里所有的年轻追求者并一概拒绝。她不仅自己这么做，还让其同伴们也这么做。这些场景都通过高难度的杂技舞蹈来表现。恩肯基对一个迷人的陌生男子的痴迷，使她在不知不觉中嫁给了一个幽灵。婚礼结束后，她离开故土，和她的丈夫在异国他乡生活。恩肯基的弟弟担心她的安危，决定尾随这对夫妇，但遭到她的反对。在看到她轻蔑的举止后，他不得不回

---

① 克莱门特·恩祖基：《卡萨拉诗歌》，"穆闻图·蒙代拉"（扎伊尔金沙萨：曼多尔出版社，1969），13～15。

② 扎伊尔国家舞蹈剧院，《恩肯格：非洲舞蹈歌剧》（纽约：非裔美国人学院表演艺术项目，1981年）。

家。他还偷了新郎的魔法戒指，这让他魅力大增并获得了财
富。后来新郎破产，无法偿还债务，他的债主们把他的漂亮衣
服都给扒了。此外，他的真实身份最终被揭露出来：他是一个
幽灵。鬼魂把恩肯基带到了墓地，而墓地象征着黑暗的死亡
世界。

幸运的是，她的小弟弟，在被偷的魔法戒指的指引下，前
来营救恩肯基。恩肯基带着破旧的衣服回家。由于她去到了死
者的土地，她必须通过驱魔仪式来净化才能再加入到活人的社
区中。她成了大家的笑柄。

在刚果人的宇宙论中，生命周期遵循太阳运行的四个阶
段：黎明、正午、日落和午夜。孩子象征着午夜，这是太阳的
上升运动开始的时刻；出生代表黎明，那是日出的时刻；成人
是正午；死亡是日落。这部剧有四个部分：青春期（黎明），
恩肯基与魔鬼的婚姻（中午）；恩肯基进入了祖先的可怕世界
（日落）；村里的救援和驱魔（午夜）。

姐姐海伦的诱惑　《我疯狂地爱她》是 1999 年重排版的
查尔斯·龙塔·恩根子的 1977 年的戏剧，他的作品的原题是
《姐姐海伦的诱惑》。[①] 原作强调了主人公的宗教地位和她所面
临的挑战的宗教本性，重排版强调了在面临深深的浪漫爱情时
人物困境的本质和强度。《海伦姐姐的诱惑》是一个戏剧性的
故事，一个年轻的女人在她想要嫁的男人和她想要逃离的寡欲
承诺之间受尽了道德上的折磨。在剧中，海伦跟她的潜意识说

---

① 　查尔斯·龙塔·根泽："我爱他爱得发疯"，《中非的法语文学》（巴黎：
　纳坦出版社，1999），234~235。

话，这个潜意识被叫作"见证"。

海伦与上帝争辩说她不能将她的思想从她想要结婚的人身上转移开，但又无法不想起她所信奉的修道院生活。她请求上帝告诉她清晰和确信的方法。她的潜意识——见证——提醒她，上帝从来都不是她的主宰。她断然否认了这一点，列举了她为上帝所放弃的许多事情。对此，"见证"反驳说，她只是口头上说说的。事实上，她仍然坚持着她的世俗物品。海伦随后列举了一长串英俊的年轻男人名字，这些都是她曾经拒绝的、能够成为潜在的结婚对象的人，她谈及与每一个人有过的美好时光，尤其是她最喜欢的那个人。

交谈仍在继续，"见证"告诉海伦，她所经历的只是悔恨和绝望。尽管海伦拒绝了这一说法，但她继续列举说，有了丈夫的爱，这些麻烦都会烟消云散：充满了痛苦、黑暗、不确定的生活，还有她本质上作为一个女人所固有的不确定性以及世界这个大监狱。她的结论是，留给她的只有一个男人的影子，而不是一个真正的男人。对此，"见证"说："你从来没有爱过上帝，却为什么要劳烦他呢？"①

直面当代社会弊病 63

除了复兴和记录传统的文学形式外，刚果作家还担负起了用现代文学形式书写当代话题的责任，如小说、诗歌和戏剧。他们的作品用法文书写，涵盖广泛的主题，法文是刚果的教育

---

① 根泽："我爱他爱得发疯"，235。

用语。爱情也是其中一个话题。然而，在他们的作品中占主导的一个大趋势是描绘刚果社会的弊病。他们的主题有压迫和权力滥用、叛乱和侵略、民族冲突和种族清洗等。

压迫和权力滥用

殖民压迫　对殖民压迫的憎恨在刚果人民心中是活灵活现的。T. K. 比阿亚用法语史诗的形式记录了卢卢瓦人的历史。这首诗最初是由卢卢瓦的传统诗人和历史学家恩云伊·瓦·利维巴用什卢巴语写的。这首诗的第一部分描述了卡塞省的卢卢瓦地区的殖民历史。殖民行为被描述为对既存秩序的破坏：人们上街走路时脖子里拴着一根绳子，这根绳子是他们的兄弟给他们缠上的；他们被强迫劳动，包括种植棉花、建造棉花仓库，修筑欧洲社区（拉维尔）周围的围栏；他们被迫生产铜、种植花生。[①]

践踏生命　对人命的践踏并没有随着殖民制度的结束而结束。在蒙博托的独裁统治下（1965～1997），对生命的践踏再次变得严重和广泛。任意逮捕、殴打、无罪监禁或无审判监禁、敲诈勒索和性骚扰都是家常便饭。诗人马利扎·穆瓦纳·秦腾特描述了一名不知名的年轻女性因绝望至极离家出走，却在票务代理机构遭遇性骚扰和强奸。这首诗的题目是"你那

---

① T. K. 比阿亚："从初期到现在：尼恩尼·瓦·卢温巴所著的卢卢阿的当代史"，《加拿大非洲研究杂志/CJAS 18》，23～25。

个袋子里藏了什么?"[1]

反抗侵略　刚果和叛乱几乎是同义词。在 20 世纪 60 年代，在维卢、北卡唐迦、基伍、基桑贾尼和刚果的其他地区都有叛乱出现。1977 年和 1978 年，叛乱分别在科尔维次和苏赫周围地区爆发，被戏称为"沙巴 I"和"沙巴 II"行动。今天，几个反叛组织将刚果搞得四分五裂，其中还包括控制首都金沙萨的组织。他们背后是他们所效忠的外国占领军：卢旺达军队、乌干达军队、布隆迪军队、安哥拉军队、津巴布韦军队和纳米比亚军队。

64

沙巴 II 入侵　瓦伦丁·穆迪贝是最多产、最复杂的刚果作家，他描述了一位修女的噩梦，她由于无法应对当时的情况而殉命。1978 年，从前线返回的前卡唐迦士兵被送至刚果方济会的那位修女那边，她在修道院的医疗站工作，负责带教新人。这本小说的其中一段给起了个标题："一场纯粹的噩梦"。[2] 这位修女描述道：这些人穿着极其脏的平民衣服。她很难判断他们是士兵还是平民。他们都有开放性创伤，四肢残疾。修女请求他们去一家规模更大、设备更好的杰卡明（一家矿业公司）医院，而这些人不予理会，伤者继续源源不断进来。她很生气，接着又听到一阵吵闹声，她就来到医疗站门口，看到一名失踪的医院同事和另一人被警察包围着。然而，为了平息事态，她一句话也没说就走了，后来就死了。

---

[1]　玛丽扎·姆文娜·金坦德："您在这个袋子里藏了什么?"，《中非的法语文学》，221。

[2]　瓦伦汀·穆迪贝："一个纯粹的噩梦"，《中非的法语文学》，203。

种族冲突和种族清洗

种族冲突　在刚果的殖民过程中，殖民者惯用的一种行为就是故意在刚果各民族之间建立种族隔离，防止被压迫者团结起来反抗压迫者。这种种族隔离为 20 世纪 50 年代末和 60 年代初刚果不同地区出现的种族紧张局势埋下了种子，比如恩贡贝人和布加人之间的紧张，还有在赤道省的恩贡贝人和蒙哥人之间的紧张、以及在金沙萨的刚果人和特科人人之间的紧张。有时紧张局势会上升为实际冲突，比如卡塞省的卢巴—卢卢瓦冲突。

卢巴—卢卢瓦冲突　在一种诗意的叙述中，诗人和历史学家恩云伊赞扬了卢卢瓦人的警觉，他们发现了卢巴人在艾伯特·卡隆基的领导下试图占领他们领地的计划。根据这位诗人的说法，这个计划原本是准备将从比利时人手中解放出来的土地变为卢巴人的财源，而卢卢瓦人则必须在他们自己的土地上向卢巴人缴纳贡品和房产税，甚至还会受到殴打。卢卢瓦人发现了这一恶意计划后，就在大酋长卡兰巴·穆肯戈的召集下在卡南迦集会。卡兰巴·穆肯戈指示他们驱逐卢巴人，很快，一场毁灭性的战争在卢卢瓦地区爆发了。这位作家说，战争的破坏性不久就变得如此之大，以至于卢卢瓦的酋长、卢巴的酋长、卡塞省的其他酋长以及刚果总统卡萨—武布决定叫停这一计划。卢卢瓦的酋长首先征询了他的民众的意见，随后同意结束这场战争。为了象征战争结束，他们把所有可食用作物的样本放在研钵里研磨，把豹皮放在地上，并烧了一只活的狗。卢

65

卢瓦和卢巴的代表发誓绝不再互相残杀。他们双方达成了一项协议，从此他们开始和平共处。[1]

从卡唐迦驱逐卡塞人　利维巴诗性的叙述描绘了在1959年～1960年的西卡塞地区，卢巴人是如何成为种族清洗的对象的。在1961年的卡唐迦，他们也经历了类似的命运，只是这一次不只是卢巴人，连同卢卢瓦人及其他卡塞地区的民族也都被卡唐迦人认定为卡塞人。三十年后的1992年和1993年，卡唐迦省的省长加百利·群谷·瓦·库万扎和其他卡唐迦省的领导人一起，和蒙博托总统合谋，再次把卡塞人驱逐出卡唐迦（沙巴）。在一次公开演讲中，群谷向卡唐迦人和其他刚果人表示：他没有对清洗卡唐迦（沙巴）地区的昆虫（比卢卢）感到懊悔，这里的昆虫指的就是卡塞人。

死亡火车　桑嘎拉伊（Sangalayi）是一个由在欧洲生活的卡塞人组成的文化和学术组织，他们制作了一段磁带，讲述了卡塞人的故事，并为成千上万的同胞所遭受的痛苦和死亡而哀伤，特别是在科尔维兹和利卡西火车站及长途火车旅行途中发生的事。由于这是他们第二次把卡塞人驱逐出卡唐迦，故桑嘎拉伊称这次事件是"第二次卡唐迦事件"。这盘录音带中的语言是在卡塞地区使用最广的方言——什卢巴。然而，制片人和其他人将文字翻译成了法语。在播放过程中，作者邀请了来自远近各地的卡塞男女来亲自听一听被屠杀的、一无所有的和无家可归的卡塞人的哀嚎。这些卡塞人在雨中度过了好几个星期，甚至好几个月，没有食物、药物和避难所，等待着一列不

---

[1]　比阿亚：《初期》，23～25。

知会不会来的火车。它讲述了卡塞人在 20 世纪 30 年代被招来修筑卡唐迦铜矿厂、在其普什采矿、修建卡米拉军事基地甚至献出生命的故事。这首歌谴责了殖民者给予刚果人的虐待，也谴责了那些取代了殖民者的"豺狼"的暴行，以及那些亲眼目击了屠杀却保持沉默、装作什么都没发生过的人。它让人们拒绝仇恨，努力恢复人性尊严和民族自豪感。①

66

通信方式

信使是最常见的信息工具，用来从一个村庄到另一个村庄传送紧急信息。古代的权威人物也曾派人去传递普通信息。今天，网络媒介简单易用，而另一些媒介则复杂一些。派遣信使和使用鼓、长笛或铃是很简单的方法，而广播电台或电视台转播是一种相对复杂的方法。

简单的通信方法

刚果的通信在社会网络内和社会网络间进行。这些网络包括民族网络、政府网络、传教士网络、由其他非政府组织创建的网络。所有的网络在农村和城市都存在。到目前为止，所有这些网络都使用简单的通信方式。②

---

① 桑加拉伊："尼亚尼亚·瓦·卢维拉，死亡的列车"，《从扎伊尔到刚果》（布鲁塞尔：私人印制，1997），1～5。
② 这一节的信息来自于姆贝罗约·雅·姆匹库，刚果民主共和国的信息与通信状况（金沙萨，扎伊尔：信息与通信科学学院，1999），13～19，25。

　　信使　今天，信使一如既往是农村和城市中最重要的信息传递方式。家庭成员派信使向居住在远方的亲戚宣布严重的疾病或死亡讯息。传统的市场是信使之间传递信息的最方便的场所。在这个国家的许多地方，市场都坐落在酋长的村庄里，赶集的日子也不尽相同。住在不同村庄的亲戚有很多机会通过信使进行交流，因为那里有来自各自村庄的人们经常光顾的市场。今天，在一些地方，现代技术服务已经取代市场成为城际和国际通信中的信息传递中继站。例如，要发送信息的家庭派信使到无线电报站或付费呼叫服务站或移动电话用户那边，信使会让接线员联络目的地的类似服务站，并让其派一名信使去往当地城市或附近村庄找到相应的人。反过来，对方接线员会让信使从信息送达人那边搜集回信。有时，所要送达的信息是让信息接收人在一个指定的时间回电，以便与信息发送人直接通话。

　　传统的世袭官员——国王和省长、酋长和副酋长——也通过信使服务互相沟通。传教士网络，不论天主教和新教、农村和城市，都通过信息站之间的信使来保持通信。近年来，由19个非政府组织组成的刚果大众教育网（RECIC），已经通过门到门的信使来与个人沟通大众教育问题。RECIC还将信使与邮递员进行整合。信使们围绕在移动的邮递员身边，用本地方言和法语，递送着图片信息。他们驻扎在人群密集地区，比如公共汽车站，在那边逗留，记录下人们的反应，回答他们的问题。由于全国运输和邮局系统瘫痪，甚至连政府和企业（尤其是在各省）都在很大程度上依赖于信使。有时这是他们能够将信息传达到某些地区的唯一途径。即使邮局能运作，刚

67

果高度集权的政府也会派遣中央政府官员带着大把钱财到地方给官员们发工资。大学校园的管理者和预算主管定期前往首都金沙萨领取现金，以支付他们员工的工资。

通信工具 在特殊的场合，酋长和副酋长会使用通信工具，而不是派遣信使。通常这些工具有鼓、喇叭和长笛。鼓声帮助传达了各种信息。它经常被用来传达死亡。在一些传统中，缓慢而有节奏的鼓声意味着死亡。缓慢的节奏演奏五次，意味着一个酋长的死亡；四次，是酋长妻子的死；三次则是酋长儿子的死。快速节奏意味着有急事，需要马上回家。有两类专业人员参与击鼓传递信息：信息发送端的人和那些在目的地解码和解读信息的人。有时，中继站会将鼓声传递到下一个村庄。

天主教会用钟声提醒教区居民有关教会活动的日程安排。他们把钟挂在教堂最高的塔上。有时它挂在一根金属棒上，金属棒像一根横梁一样架在两根砖柱子上或两根金属柱子上。天主教学校模仿教堂，每天在固定时间敲钟，以此来执行日常工作。有些学校用的不是真正的钟，而是大铜锭。近年来，RECIC 将磁带添加到用于向公众传达信息的设备列表中。RECIC 首先组织了一场音乐创作比赛，制作了包含特定教育信息的磁带。然后，跟公交车司机约定在公交上为乘客播放这些磁带。

68　　视听媒体

算上各种可用的功能，刚果的现代通信手段应包括无线电、电视、电话亭、带有天线的地下装置和卫星电台。

　　刚果的广播电台是 1937 年罗马天主教传教士引进来的。殖民政府在 1940 年沿着这条道路继续前行，建立了比属刚果官方广播电台（RCB），即现在的刚果国家广播电视台（RTNC）的前身。

　　1960 年以前，刚果大多数电台都是由比利时人建立的。1966 年，刚果政府将天主教传教士电台进行了国有化，即后来的扎伊尔电台。扎伊尔电台包括四个制片中心、六个制片工作室和三个位于金沙萨的转播站，另外在金沙萨和卢本巴希各有一个分站。1973 年，政府支持的新闻事业得到蓬勃发展，成立了信息科学与技术研究所（ISTI）和一所培养中级音像制作和技术人员的制片学校。在随后的几年里他们又新建了额外的设施：1978 年，建立扎伊尔之声；1981 年，成立扎伊尔广播电视办公室（OZRT）。1989 年，先前的广播之星的房屋和土地被改为广播影视学术中心（RATELESCO），生产教育和文化杂志。他们在大多数省会城市建立了当地的电视广播，对当地城市及其周边地区进行广播。购置新设备贯穿在影视现代化的每一个阶段。然而，显然，由于缺乏认真的可行性研究或充分的技术监测，这些创新并没有带来预期的优质服务。①

　　1990 年，新闻出版自由化之后，私有视听单位在刚果出现了。通过提交文件、正式申请，并支付适当的费用，就可以拿到牌照。个人可以在一个固定的地点或一个移动地点（比如船上）用六个频率进行无线电通信。1999 年，无线电通信

---

① 乔治·施恩扎·马塔，扎伊尔的多媒体（巴黎：拉马丹出版社，1996），22～23，27。

设备的数量估计为 600 台。私人电视的需求非常高。这个国家
发现了 50 个地下通信站。运营商支付接收天线的费用。刚果
国家广播电视台拥有一些卫星,其他卫星被刚果邮政与电话局
拥有。它们都有权在国家邮政与电话部的授权下与私人运营商
签订特许合同。

任何支付适当费用的人都可以获得商用视听通信站的许可
证。这些费用与所筹建的广播电台或电视台的重要性成正比。
在金沙萨,三家广播电台(Raga、radio Kin-Malebo 和 Malebo
广播公司)和 5 家电视台在 1990 年后成立。五个电视台是
Raga TV, Te'le' Kin-Malebo, Canal Kin 1, Canal Kin 2 and
Antenne A。这五家都是对金沙萨和布拉柴维尔市区及其周边
地区进行广播的商业电视台。大多数电视节目都是本地节目,
而广播节目则是法国广播电台(RFI)的转播节目。

原则上,刚果国家广播电视台用官方语言法语和四个刚果
国家语言(齐孔郭语、林加拉语、斯瓦希里语和什卢巴语)
播送节目。刚果邮政与电话局给各类通信技术公司颁发广播执
照,例如私人信使服务、无线电通信、广播电视等。刚果国家
广播电视台的基础设施包括在金沙萨的六个电话交换机:贡
贝、李梅特、宾扎、卡宾达、金沙萨和金沙萨 II。两台传输和
接收交换机,一个在宾扎,一个在恩基里,通过卫星和无线电
波束连接金沙萨和省会城市。每个省会城市至少有一台交换
机,使其能够通过电报或电话(极少数情况)连接到其辖区
内的区域总部。在极少数地区,省会城市或地区会与一些农村
地区相连。

由于设备不足或严重老化,只有一小部分刚果人口用得上

电话。例如，在 1999 年，姆布基—马伊有 200 万人口，却只有 60 条电话线。同年，金沙萨约有 600 万居民，有34 000个电话线路，相当于 176 人才有一条线路。这还没算上很多线路长期无法使用。

纸媒

刚果的纸媒反映着国家的政治波动。经过 75 年的殖民统治（1885～1960 年），刚果进入了政治动荡阶段（1960～1965 年）、高度独裁阶段（1965～1991 年），徒劳争取民主回归阶段（1991～1997 年）和目前的不稳定、内战和叛乱阶段。

纸媒的发展　罗马天主教传教士在 1892 年①的马塔迪创办了《和平信使报》，刚果从此有了纸媒。在整个殖民时期，刚果的媒体一直是受外国势力控制的。然而，在殖民的最后时期，一些刚果人有了专业记者的声誉②。1959 年～1965 年，刚果的报纸在 1959 年的一项保证新闻自由的法律框架内运作。1965 年～1972 年，政府开始用钱收购纸媒，并给其配备了有名无实的领导。政府还以官方的意识形态重组、规范了各大报纸。1970 年，蒙博托总统签署了一项法令，经营报纸需缴存押金。押金须存入银行账户，其利息将被用于支付任何违反规

① 雅·姆匹库：《刚果民主共和国的信息与通信状况》，61。

② 施恩扎·马塔：《扎伊尔的多媒体》，37，以及下述著名刚果记者及其报纸列表：安东尼·罗杰·柏兰巴（刚果的腾飞）、洛马米·施巴马巴（刚果之路）、埃弗里斯特·金巴（刚果的腾飞）、加百利·马科索（非洲通信）、约瑟夫·姆鹏郭（刚果的风采）、丹尼斯·马林文多（进步）、帕斯卡尔·卡佩塔（明星）以及克莱门托·维迪比奥（扎伊尔周刊）。

范媒体行为的法规的罚款。那些反对政府独裁行为的记者失去了工作，被无限期关押在秘密监狱或被谋杀。另一方面，保释金的数额如此之高，以至于许多报纸由于无力支付保释金而停止经营了。因此，在蒙博托独裁统治22年间，经营报纸的媒体数量从1965年的20家减少到1987年的6家。这些报纸自1972年以来一直在政府的完全控制之下运作。政府任命他们的领导，支持他们的印刷费用并支付记者的薪水。因此，职业新闻工作在很大程度上受到了政治庇护的影响。到1987年，那些拒绝屈从于政府的报纸已经没有了。①

在1970年之前的几年里经济繁荣，所以政府可以给予纸媒自由。随着1973年政府接管私营企业的"扎伊尔化"措施引发的危机，情况发生了变化。政府对报纸的补贴变得有选择性，一些报纸，如 Elima 和 Salongo，获得了最大的补助份额。随着补贴变得越来越不正常，政府取消了对纸媒的支持。反而，它把资源集中在官方广播电视机构——扎伊尔广播电视局（OZRT）以及官方媒体机构——扎伊尔通信社（AZAP）。

随后，1981年，政府颁布了定义新闻自由的法令。有记者讽刺它是一项监督媒体的法令，因为在38条条款中有36条指向了限制，而不是自由。此外，没有任何一条提及保护记者的言论自由或为记者提供法律保护。尽管如此，在同一年，还颁布了各种法律，规范了扎伊尔广播电视局和扎伊尔通信社的

---

① 六个幸存的报纸是：Beto na Beto，Elima，Jua，L'Analiste，Mjumbe 和 Salongo。停刊的报纸有：信息，非洲通信，刚果之星，进步。参见施恩扎·马塔，《扎伊尔的多媒体》，28，33。

行为。类似的，法律还规定用授权发布的方法取代预存押金。这一方法导致了各种纸媒的不同地位和不同命运。一些纸媒机构开始作为真正的独立机构运作（至少在一段时期内是这样的）。大多数机构仍然与政府的意识形态保持一致，并被赋予了动员和激励人民支持政权的使命。他们继续依靠政府的财政支持，为赢得政府好感展开了激烈的竞争。[1]

蒙博托执政期间，由于政府和新闻出版机构之间关系呈现出上述变化趋势，媒体纯粹成为了蒙博托的独裁政党——人民革命运动（MPR）的宣传工具。然而，在 20 世纪 90 年代初，情况发生了变化。报纸不再是扎伊尔通信社的简单翻版，政府无休止的调查和谴责也被抛诸脑后。许多以前禁忌的话题出现在媒体上，诸如：1990 年在卢本巴希发生的屠杀学生事件、在姆布基—马伊被盗的钻石、蒙博托总统的财产以及绑架和暗杀案件，等等。经过多年的镇压后，自由化的另一个后果是报纸的极度泛滥，甚至许多报纸从没出到第二期。

1991 年～1993 年，所有政治派别的刚果人都参加了一场全国性的辩论，试图恢复该国的民主。在这场被称为"全国会议"的辩论中，人们把刚果的报纸分为三个阵营。第一阵营是亲民主报纸，得到所谓的"激进反对派"的支持，由艾蒂安·齐塞凯迪领导的民主与社会进步联盟（UDPS）牵头。第二阵营的支持者有蒙博托的政党 MPR 的支持者。最后，在

---

① 继续运营且有部分程度自主权的报纸有：乌莫加，指路明灯，潜力，一周。施恩扎·马塔《扎伊尔的多媒体》，34～35，40，提到了在 1987 年，Eliman 和 Salongo 社论冲突中有所描述。

两个极端之间，是独立联邦党人和共和党人联盟（Nguz Karl-I-Bond 的政党）支持的所谓"温和反对派"的报纸。① 1997年，卡比拉取代蒙博托成为刚果总统。在他短暂的独裁统治下（1997 年 5 月 ~ 2001 年 1 月），金沙萨的报纸仍然可以被归类为亲反对派、亲政府派或介于两者之间。

今日的刚果媒体 今天在金沙萨有十多家大众报纸。在和平时期，一些省会城市也有自己的独立报纸。自 20 世纪 90 年代中期以来，刚果的部分地区一直处于战争状态，而自 1998年以来，其他地区也开始经历叛乱。今天，叛军和他们的乌干达、卢旺达和布隆迪盟军控制了几乎半数的国家领土。很难知道各省实际运营的报纸有多少。战争之前，南基伍的首都布卡武有四家报纸，而东卡塞有十家。除了一家以外，上述所有其他媒体都是在 1991 年 ~ 1997 年之间建立的，这是在经历了 26年的稳定独裁之后，暂时恢复民主的时期。同样，姆班达卡也出版两本不定期的刊物。②

政府媒体 在刚果有另外三种类型的出版机构：政府、教会相关的出版机构和非政府组织。刚果通信社是刚果政府的头牌新闻机构。该机构将资讯分发给报纸订阅用户、广播和电视

---

① 诸如乌莫加，指路明灯，潜力，信仰。一定程度上也包括信仰报等报纸认为其是蒙博托的幕后支持者，Salongo，投资和大事的软件，参见施恩扎·马塔，《扎伊尔的多媒体》，57 ~ 58。

② 每个省的公开发行报纸总部的数量分别为：金沙萨（12）、东卡塞省（9）、南基伍（4）、赤道省（2）、东部省（5）、下刚果（2）、西卡塞省（2 名）、北基伍（3）。参见雅·姆匹库，《刚果民主共和国的信息与通信状况》，22，50，54。

台、国家服务机构、私营企业和非盈利组织。它的总部设在金沙萨，在省会城市和一些地区设有分支机构。通常情况下，由于当地印刷设施缺乏或严重老旧，分支机构的作用仅限于为金沙萨的国家总站收集信息。

第四章　艺术与建筑

　　在刚果传统艺术中，人物雕象（先人的塑像、仪式性的面具、权威人物的画像、装饰性人脸）是一种盛行的表达价值观的方式。类似的，描绘生活场景和权威人物的绘画在现代流行艺术中处于中心地位。一些日常生活的画面描绘的是房屋或公共建筑周围发生的活动。

　　刚果农村的住房状况反映出地形地貌（森林与热带草原）、习俗（部分文化中以圆形房屋为主，另一些以矩形房屋为主）和社会政治地位的差异。例如，皇家庭院的房屋面积与普通人的房屋大小之间存在显著差异，折射出其社会政治地位迥异。这种差异也存在于非洲人聚居区与先前白人的聚居区。在蹲区（自发增长区域）中，富人围墙高耸的别墅和刚果温饱群体朴素的住房也截然不同。

　　本章第一部分将重点介绍现代流行艺术中特定的艺术传统和生活场景中的人物图案，特别是权威人物的肖像。第二部分考察传统刚果住房，包括房子的设计和结构、生态定位、建筑材料和施工过程等。第二部分还将讨论刚果城市的住房和建设，特别是在首都金沙萨，涉及住宅类型、占地过程、土地分配机构、施工过程和住房规划。

刚果艺术的前世今生

在比利时殖民之前，刚果已有丰富而悠久的艺术传统。各种文化中的有一个共性，即都有人物雕像。在殖民时期，两波大众艺术发展成为两国刚果城市：卢本巴希和金沙萨。生活场景和权威人物肖像在这两波艺术中都很流行。

刚果传统艺术中的人物主题

一些最著名的刚果艺术传统有刚果艺术、库巴艺术、卢巴艺术（卡唐迦）、安巴艺术、雅卡艺术和芒贝图艺术。上述族群艺术中人物主题非常盛行，当然，还有其他一些族群也是这样，我们在这部分内容中都会提及。[1] 这些人物主题包括：祖先人物；占卜、启蒙和治愈神灵；人脸；权威塑像和仪式性面具。

祖先人物　在刚果各地都发现了以祖先人物为原型的艺术

---

[1] 本章中关于该群体或其他群体的艺术的讨论主要参考了约瑟夫·康内的《扎伊尔艺术：国家收藏的100件杰作》，由伊闻·荷西翻译并撰写概要（纽约：非洲美国研究院，1975）。另请参见罗宾·泊伊诺 "西刚果盆地" 和 "东刚果盆地"，《非洲艺术史》，莫妮卡·布莱克姆·维希娜、赫伯特·M.科尔和麦克·D.哈里斯编辑（新泽西上萨德尔里弗：华夏出版社，2000），366～311和412～437。有关芒贝图艺术，参见希尔德克劳特和凯姆《非洲反思：东北扎伊尔的艺术》（华盛顿特区：美国自然历史博物馆，1990）。

作品，其中以雕像作品为多。刚果丧葬纪念牌就是众所周知的祖先人物作品之一。一些纪念碑可追溯到 17 世纪，但其他一些年代就相对近一点。例如，有一块石头纪念碑（其上面描绘的人物被认定为是马拉萨）可追溯到 1921 年。

丧葬纪念牌上人物形态各异：有一个人看起来满腹经纶，他坐的时候用左手撑着他的脸颊，右手靠着臀部；另一个画的是一对母婴，母亲坐着，婴儿坐在她的腿上。

刚果丧葬纪念牌是用石头制成的。在其他地方，祖先人物的雕像是用木头做的。住在康戈洛地区的安巴人（卡唐迦卢巴人的一个分支），制作了一些最为精美（经典）的先人雕像，这与班顿都地区的苏库人类似。苏库艺术品中祖先的雕像顶部有一个独特的发型设计，肚脐处还有一条"胃"线。另一族生活在班顿都的贾卡人，他们艺术作品中的祖先雕像是用木头做的。他们善用珠子和宝贝螺来做装饰。在基督教的影响下，曾经在姆班渣恩古古地区的艺人留下了 17 世纪以来的金属十字架。

占卜、启蒙和治愈神灵　有些人物雕像里"居住"的并不是祖先，而是神灵。这些神灵是用来起保护作用或占卜作用的。作为下刚果中的一支的巴永贝人就是这样一群人。在贾卡，发现了一些占卜神像，除了头和脚，其他部分都用被包裹着。在安哥拉的边境班顿都生活的喔洛人，他们有一个神叫恩赞比，他们做礼拜的时候就这么称呼。

在有些作品中，人像、塑像或人脸图案不仅仅自成为一个独立的艺术品，而且也会是其他艺术品的一个部分。例如，一个鹏德的保护柱是一位女性雕像的形状。一个特克占卜师的拐棍，采用了人体的长脖子的形状，神灵就"住"在这长脖子里。在神化过程中，从医人员会向神灵请教疾病的根源以及推荐的治疗方案。棍子上的标记代表着自然的力量。眼睛里的两个瞳孔代表千里眼。羽毛和独木舟象征神灵可以去到任何地方，不论是通过水路还是空气。底部是独木舟的桨。从下刚果的马永贝地区发现的一个小号里有一个坐着的人，嘴里含着一片植物。这是医用植物，能驱走邪恶。利勒地区有一种工具，通常用来从圣树上切下小块，装在人形雕塑上。

人脸 很多艺术品并不表现人的全身，而只表现人脸。人脸遍及多种刚果艺术作品，包括石手链、小号、飞拂、刀柄和梳子。有一个贾卡地发现的用作占卜和治疗仪式使用的裂缝鼓的上端有一个戴着耳环和项链的女人头像。卢巴和卡唐迦有一种矩形的木质占卜工具，上面也有一个人头。在占卜时，这个工具被放置在地上或一个底座上，由占卜师及受众共同扶持着。当这个工具开始摆动时，神谕（天启知识）即开始。利勒摩擦神谕也有人像。

权威塑像 酋长和国王的权力常常通过人像来表现。例如，刚果国王的权杖上就有一个或两个人像，有时都在权杖的顶部，也有顶部和底部各一个。刚果女人的飞拂上也用一个人头来象征权力。特克村酋长的飞拂顶端是雅努斯。鹏德酋长和要人在肩上会亢一把斧子。斧子的顶端是一个女人头像，斧子的刀刃就是她的舌头。班顿都的姆巴拉人制作了一个权杖，其上有一个女性雕塑，头发很长，眉毛修长。

仪式性面具 整个刚果都有制作艺术面具的传统，面具可有多种功用。苏库面具用于割礼仪式。有些面具采用动物图案，比如羚羊，这可以象征舞者的速度和灵活性。苏库人的邻居喔洛人生产舞蹈面具，功能多种多样，包括帮助儿童驱魔、庆祝狩猎成功等。贾卡人的面具用途也多种多样，他们通过面具中"居住"着的鬼神的力量，祈祷土地丰饶和狩猎成功。鹏德人也善于制作面具。他们很多面具是三个面具合为一体，一个大的面具的两侧还有两个小面具。鹏德人还有一种面具只给要人使用，只用作特定的庄严的仪式。库巴人有一种只用作葬礼和民间舞蹈的面具。还有一个面具，由木头、金属和布制成，在为妇女举行的哀悼仪式中使用。卡唐迦的卢巴人也以制作面具著称。他们有些面具仅属于秘密社团组织。住在基桑贾尼东南部地区的库穆人有一种占卜师的面具，由上色的木头制作，在入会仪式和严肃的占卜会上使用。如果一个新会员死亡他们也会用到这面具。乌庞其河周边的恩戈巴卡人有一种面具，在割礼仪式的时候佩戴。这种面具在鼻子的部位有一个刀疤，是典型的恩戈巴卡民族标记。

一些面具只用于涉及权威人物——酋长、贵族、国王的仪式。姆维卡的库巴人有一种面具，只用于与库巴皇室的神秘起源相关的仪式和舞蹈中。这个面具的脸部由毛皮制成，眼部是贝壳制成，还有一个木制的嘴和满是珠子的嘴巴。另一个属于库巴皇家舞蹈的面具只能由长者在咨询时佩戴，这种面具可以通过眼睛周围的小孔识别。

装饰人物和面孔 艺术品上的一些人物主要是装饰性的。伊图里的芒贝图人和他们的阿赞德邻居盛产装饰艺术。这两个民族都生产了许多人脸或完整人物的物品，有些为了艺术需要特意拉长了头，这在他们的文化中是美的象征。这些艺术品包括葫芦、刀、竖琴、盒子、鞭子、壶、烟斗和钟，等等。

现代流行艺术的趋势

现代流行艺术在刚果两个主要城市最为发达：政治、商业和行政之都金沙萨以及采矿中心卢本巴希。① 各中心的艺术动力来自于居住在刚果的一名欧洲人，他曾担任顾问、教练或学术导师。绘画是现代流行艺术的主要组成部分。两市视觉艺术（绘画与摄影）发挥着三大作用：形象制作、历史叙述和记录现状。在形象制作中，艺术家描绘个人如何在物质财富积累过程中逐步赋予他们让人尊敬的身份，如看起来繁荣或强大。参与历史叙事的艺术家重新陈述和重塑过去的事件，以迎合客户的预期或想象。记录艺术将社区中普通百姓亲历的现实事件记录成图片。

在完成这些角色时，艺术家并不是一味追求准确的事实。他们似乎明白他们的使命是调整事件，以反映民众对这些事件的一般性理解。以下简要概述了刚果历史上不同时期卢本巴希和金沙萨主流视觉艺术的特点。帕特里斯·卢蒙巴作为民族英雄的场景也被包括在内。

卢本巴希的大众艺术 在卢本巴希，流行艺术的起源、成形和成长都得益于 19 世纪 40 年代来到卢本巴希的法国人皮埃尔·罗曼·德斯费舍斯，他受到民俗和民间文艺的启发，对装饰艺术情有独钟。后来，这种艺术受到洛朗·穆南（一位 20

① 纠斯吾斯基编辑的《刚果大事年表：城市艺术中的帕特里斯·卢蒙巴》（纽约：非洲艺术博物馆，1999），对刚果现代流行艺术进行了系统研究。

世纪 40 年代活跃在金沙萨的比利时艺术家）的推崇，他于
1950 年代后期迁往卢本巴希，在美术学院给非洲学生培训应
用和装饰艺术。这种艺术最初是为了迎合欧洲消费者的品味，
后来也适应了卡唐迦政府机构的口味。作为艺术家和观众之间
的沟通媒介，卢本巴希大众艺术中的绘画唤起了公众对城市历
史的共同回忆以及对历史做出贡献的主要民族的记忆。绘画中
携带的指导性信息多强调群体，而不是个人。

81　　　　**金沙萨的大众艺术**　　就像卢本巴希一样，两位外国人开启
了金沙萨的大众艺术。在 20 世纪 40 年代，商人和大众艺术的
赞助人莫里斯·阿尔哈德夫从一开始就试图将刚果的艺术产业
定位于本地和国际市场。在同一时期，金沙萨学院艺术传教士
和创始人维克多·瓦伦达首先推崇刚果艺术创作传统，然后又
转向了西方风格。艺术生产首先针对外国人，后来试图吸引当
地民众。金沙萨绘画传统中几乎没有提及当地历史。此外，他
们描绘的对象通常是个人而不是团体。

　　描绘生活场景　　生活场景是生活事件的重构。一些场景是
带有纪录性质的，从事件实际发生的时间开始记录。还有一些
是艺术家感知并通过戏剧化的方式再创造的作品。在后一类绘
画中涉及的事件确实有其历史依据。然而，用来表现他们的艺
术媒介可能不是历史的。因此，描绘前殖民时期农村生活场景
的绘画可能是当代艺术家试图根据口口相传的传统或自己从书
面历史中学到的生活经验而重构的作品。卢本巴希大众艺术中
有大量描绘民族英雄和烈士帕特里斯·卢蒙巴的画作，这让其

闻名于世。①

前殖民时期的农村生活 这个主题的绘画通常描绘了奴隶贸易和殖民时期之前平静的村庄生活，大家与自然和谐共处。场景有森林，有水，或两者兼有。每个人都忙于日常工作：在田野劳作，或在捣碎玉米、小米或木薯，或是在抚养动物。这幅画可能完全是艺术家想象的产物，而不是艺术家经历或观察到的实际生活场景。

帕特里斯·卢蒙巴是国家英雄 刚果大众艺术的另一个主要功能是：让民族英雄永垂不朽。帕特里斯·卢蒙巴是迄今为止最耀眼的英雄。在卢蒙巴作为全国领导人的短暂任期内，许多事件都成就了他这位英雄，让世人瞩目。刚果艺术家用自己的创意思维将这些事件放大。他们将卢蒙巴描绘为一个在很多方面非凡的人，凭借其非凡的勇气、力量和对刚果解放事件的忠诚，在刚果领导人中独树一帜。

例如，在卢蒙巴被监禁期间，布鲁塞尔召开圆桌会议讨论刚果独立问题。刚果代表以卢蒙巴到场参会为参会条件。艺术家描绘了卢蒙巴与刚果代表团参加圆桌会议的场景。在准备独立期间，刚果领导人成立了政党，其中大部分政党是以族裔为基础的。

帕特里斯·卢蒙巴的党派——刚果民主运动，几乎是唯一一个真正民族主义的政党。金沙萨和基桑贾尼是党的主要根据地，但也有其他地方的代表。在政党形成和圆桌会议之后的政

82

---

① 本节的主要来源：纠斯吾斯基编辑的《刚果大事年表》和希尔德克劳特和凯姆的《非洲反思》。

治生活的一个重要内容便是参加选举。在一个场景中，卢蒙巴被描绘为披着一条标语：Votez tous pour M. N. C./L. Liste No. 4 moi（大家投票支持 M. N. C./L 第 4 号）。另一副画中，他正在一个村庄里主持选举会议，他双手高举，被男人和女人包围着。在选举中，卢蒙巴的政党与其他一些政党一起获得了多数席位，他成为了新成立的刚果共和国的总理。在独立日那天，比利时的波都因国王发表讲话，赞扬刚果自由邦（比利时刚果的前身）创始人利比亚德二世的丰功伟绩。刚果独立后第一任总统约瑟夫·卡萨武布在讲话中感谢比利时为刚果带来文明。卢蒙巴意识到自己是人民的领导人和首任总理，在讲话中对刚果人民群众为争取独立和尊严的斗争表示高度赞扬。一些以独立日活动为主题的绘画展示了总理卢蒙巴、波都因国王和总统约瑟夫·卡萨武布向政要和公众发表讲话的场景。

刚果的建筑与住房

刚果人住在三种类型的房屋中。可以通过建筑材料的差异来区分，主要有不耐用材料、半耐用材料和耐用材料。在农村地区，房屋设计和生态定位反映了其文化价值观和世界观。在城市中，殖民历史和后殖民效应产生了三类城市社区：拉维尔，拉希特和蹲区。

传统的刚果房屋

房屋建筑始于建筑师脑中的设计。传统上，设计直接从建筑师的想法转移到现实中的房子，而没有蓝图或手绘图纸。房屋的形式和结构与风俗密切相关。一些人建造圆形房屋，其他人建立矩形房屋。建筑师首先用仪器或者脚跟丈量土地，以便其设计房屋。他在测量尺寸时，把两脚前后放置，交替前行，直到所需的位置。他有时会用等距步伐来测量尺寸。通常，圆形房屋没有阳台。某些地区的矩形房屋会建造一个阳台，而其他地方则没有。有些人造屋用锥形尖顶屋，也有人建三角屋顶。墙壁由一根根打入地里的杆子组成，用绳索绑在顶部的梁上。屋顶也架设在垂直杆子上，杆子的下端固定在梁上，上端固定在承重柱上。尖顶屋顶位于一个中心支柱上。三角屋顶搁置在三个或更多的支柱上，均衡分布，以保持平衡。接下来，他们用水平芦苇将墙壁和屋顶的垂直杆绑在一起，再用湿泥抹上墙壁。由于地区差异，除了用芦苇，他们也会用草、叶或两者一起来覆盖屋顶。马尼亚马的金度地区就是一个例子，这个地区造房子都用不耐用的材料。①

房屋结构与环境　作为住宅的房子有固定的结构。例如，一个经典的卢巴房子包括三个部分。首先，床总是位于进门右侧，头部朝向门。灶台总是在床右脚下，远离入口。灶台上方是一个台子，用于干燥物品。这也是风干鱼肉和兽肉的地方。房子左侧，即床的对面是空地，除了最左边的角落有一个装饮用水的水壶。剩余的空间用于放置椅子、凳子、垫子或山羊皮，室外下雨时可以坐房间里。无法分房时，这里也可用作亲戚们的睡眠区。有时候，出于尊重客人的考虑，主人会把自己的床给客人睡，自己睡在床对面的地板上。

---

① 萨落朵·迪亚洛：《当代扎伊尔》，第 3 版（巴黎：J. a. 出版社，1989）。

从南到北，共有四条河流经卢巴地区。河流被认为是邪恶力量的载体，会带来灾难并对整个村庄造成伤害。祖先保护人们的住所免于各种危险，包括自然灾害的威胁。大老婆的房子旁边有一个神社，用于向祖先献祭。丈夫在她房子的周边为其提供保护。她的房子是一个精神上的堡垒。传统上，在卢巴村里，大老婆的房子朝向南方，与祸害河流的运动方向相反。房屋朝向及其被赋予的强力使其能够发现危险并将其从住处驱除，从而保护其成员免遭灾难。①

芒贝图传统建筑与房屋设计 芒贝图建筑技术随着时间的推移而发展。② 普通百姓居住的标准传统民居结构简单。草原上的房屋与森林里的不同。草原房子呈圆形，有茅草屋顶。墙上覆盖着泥土、树皮或编织垫。森林房屋由木板缝合在一起，其室内从顶部到底部覆盖着一层棕榈叶，而外部覆盖着一层车前草叶，辅以稻草、草皮或兽皮覆盖。多层叶子形成一个密封结构，可以防水。通常情况下，森林里的房屋比草原房屋要小，强度也较差。两种房间都有一个屋顶，有宽敞的门，但没有窗户。1874 年，一批到访的欧洲人在一份报告中写道：房屋的外墙如此坚固，以至于房屋结构"能够抵御元素的愤怒，让人惊奇不已"。房屋内部分为靠近门口的就寝区和远离房门的储藏室。③

---

① 莱纳德·孟盛马："卢巴社团的宗教信仰与社会—家庭结构"，《经济与社会手册5》，第 1 期（1967），15 ~ 17。
② 希尔德克劳特和凯姆：《非洲反思》，101 ~ 106。
③ 希尔德克劳特和凯姆：《非洲反思》，102。

建筑传统逐渐改变。到 19 世纪晚期，叶子铺的墙已经大大地让位于泥土糊的柱墙。房子的门也起了变化。手工板做的门或老式盾牌门逐渐兴起。盾牌门上的艺术设计类似于先前在树皮上发现的图案。茅草屋顶的优点是能保持房屋干燥，保养简单。因此，它们仍然是草原房屋的主力。建造芒贝图房屋很耗时，甚至有时很不容易，建造步骤是这样的：切削撑杆并在硬地面上凿孔；用撑杆搭建框架，用以建造屋顶；在框架中加入稍小的木棍，让其呈网格状排列；在屋顶上盖上草或叶子；在屋顶与墙面之间留些空间（不用水平木棍、草或叶），以便采光和通风；暴露在外的垂直撑杆须去除外皮，观察是否有白蚁的暗道，若有则要将其捣毁，以免其破坏撑杆。①

上述建造工程由业主完成，也有可能由业主和其他男人一起完成。完成这些任务后，妇女将水与泥巴混合，制作涂抹墙壁所需的泥。男女都参与用泥土抹墙的工作。这是亲戚朋友应业主的要求参与的一项集体劳作。完工后，为感谢大家的劳作，业主会为大家提供一顿宴席。施工完成后，业主的工作还未结束。芒贝图人悉心照料他们的房屋和其他建筑，如粮仓、厨房和掩体。他们不断地给建筑进行修理、洗涤和美容。房屋美化包括装上壁画以及安装雕刻立柱，立柱上有雕刻的几何图案，有时交替使用白色或暗土色。与房屋立柱配套的是壁画，壁画的图案包括动物、人物和几何图形。

芒贝图人房子周围有保养良好的大庭院和蔬园。大家庭中的亲戚们的房子都集中建造在住宅区。曾经，住宅区长度介于 1

85

---

① 希尔德克劳特和凯姆：《非洲反思》，103。

至 2 英里之间，位置可在山的上坡区（旱地作物之间的地块，比如甘薯地），也可在山的下坡区靠近溪流之地，此处作物喜湿，比如车前草。油棕榈不和住宅区在一起，而是在一个指定的山上。每个村庄都有一个开放式的休息区，有遮蔽处，可以防太阳和雨淋。这个区域用来集会讨论、解决争议、小酌和舞会。集会场所紧邻具有社会地位的人的住处，比如一位重要的长老。与一个特定的大家庭相关的住宅区包括许多房屋、一个有遮蔽的休息区、烹饪掩体、粮仓、鸡舍和信号鼓的掩体等。

这些房子朝向居住区的中心。父亲、兄弟和儿子与他们的妻子在这里生活。几码之隔是客户和奴隶的房屋。有些居住区较小，供新近从大集体脱离或遭受一些不幸的人居住。几个居住区合在一起构成了村庄。每一个村庄，不论大小，都控制着大量地块供狩猎、捕鱼和农业种植，包括休耕中的田地（供未来种植）。正是因为这些原因，他们建造村庄时都相隔好几英里。由于有休耕制度，他们定期将村庄移动到更接近新田地点的新址。在战争时期，他们把房子搬到了一起，周围用栅栏包围着。

刚果城市住房与城市建设

刚果城市既有殖民历史，也有前殖民历史。[1] 在殖民时

---

[1] 有关刚果城市房屋和建筑的信息主要是基于作者的自身经验和以下研究成果："金沙萨地区的建筑"，《经济与社会手册 5》，"金沙萨的城市：行政与政治组织"（论文，波尔多政治研究学院，1967）；"金沙萨城市里传统与现代权力的共存"，《社会与经济手册 7》，"刚果民主共和国的城市发展机制"，《刚果研究 11》。

期，由欧洲人占领的城区（包括主要商业区）被称为拉维尔，是 La Ville Européenne（欧洲城区）的缩写。刚果人居住的各个地方被统称为拉希特，是 La Cité Indigène（本土社区）的缩写。大型公司的员工被安置在拉希特的工作营地，与其他人不在一起。后来成为金沙萨的利奥波德维尔市成立于 1881 年，当时亨利·莫顿·斯坦利在当地人聚居的金田博旁边建立了一个欧洲驻地。在第一次世界大战和第二次世界大战之间，用"金沙萨"这个名称在另一个当地村庄开发了商业区。金田博和原来的欧洲社区和周边服务区，今天称为恩加利马，成为利奥波德维尔西城，金沙萨和新的欧洲商业区被称为利奥波德维尔东城。在两城市中心之间是一个叫卡利纳的地方，后来成为殖民地管理当局和殖民高官的聚居区。恩加利马、卡利纳和商业区结合成为拉维尔的核心。金沙萨和随后发展起来的周边社区，凌瓦纳和巴伦布组成了拉希特。

拉维尔位于前法属刚果首都——布拉柴维尔对面的刚果河旁。金沙萨、巴伦布和凌瓦纳都在拉维尔南部。拉希特（刚果人居住的地区）在这三个社区的南部。这样一来，三个核心区和金田博区被统称为"旧城"，新造的区域被称作新城。今天的丹达勒城以及日后发展起来的恩基里恩基里城，形成了新城。

在 20 世纪 50 年代，刚果人规划、建造了一些城区。在金沙萨有伊莫刚果（马同戈）、班达伦格瓦、马特特、兰巴和穆拉赫城等新城。伴随着新城的发展，在城市的东南边缘又出现了恩得基里城，它的发展模式和丹达勒城与恩基里恩基里城一样，即没有标准化的房子。在比利时殖民统治的整个过程中，

87

88

城市移民受到了限制。然而，刚果的独立结束了这些限制。这个国家经历了大量从农村涌入城市的移民潮。伴随这一进程的是城市内移民，人们从拉希特移民到郊区或移到拉希特中的无人定居区的。随之而来的是一种新的居住区，人们称为"蹲区"，也被称为卫星城。马卡拉城、蒙贝勒城、金森索城、冯克贝尔城、马西纳城和金班瑟卡城都是这样的移民运动中产生的。此外，"蹲区"也被用来特指非法居住者在国有土地上建立的定居点。在国有土地上建造的合法定居点被统称为"副区域"。宾扎城、叠洛宾扎（马卡拉中央监狱）、乐房尼大学和康复中心（治疗结核病的医疗中心）是"副区域"的一部分。

金沙萨的土地占有过程　一些为殖民地公司工作的刚果人住在雇佣公司管理的工作营地里。殖民政府机构或其承包服务机构直接管理着城市生活，包括土地的占有，涉及拉维尔和拉希特的大部分地区。在殖民时期的大部分时间里，刚果人在法律上是不允许拥有土地的。他们只能成为租客，或通过其他某种方式成为有限占有人。政府机构决定将哪些土地划为刚果人的住宅区，也决定了土地占有模式以及相关费用或税收的征收方式。然而，一些在大都市金沙萨的刚果人所住的房子并不属于拉希特的一部分。例如，在市郊就有与巴特科和布姆布族酋长有关的房产，这些人在前殖民地时期就是今天金沙萨这片土地的所有者。在行政上，这些地区变成了"布姆布地块"。地块的基本组成单位是村庄，由村长领导。如果一个村庄被安置在一个异族人的土地上，土地问题就被移交给土地所有集体里被授权的成员去裁决。在村子之上的单位是一个"集群"，是一个由共同权威（集团首领）领导下的村庄集合实体。再往上一个层次就是地块，"集群"由于其体量太小而无法成为可行的行政自治单位，所以他们就组合成地块。殖民当局任命地块的行政长官，他可以是（也可以不是）传统的酋长。在布姆布地块下有如下集群：金波科、金科勒、金溪勒勒、兰巴、马西纳和米孔多。

在 1960 年独立之前，金沙萨郊区的传统村庄里满是金沙萨老旧社区和新城移民中的过剩人口。这些人口涌入带来了复杂的问题，超出了传统的特科或恩布能够应对的能力。很快，涌入金沙萨郊区的人口就被巴孔郭协会（阿巴科）领导下的民众暴乱所困扰。阿巴科的使命是反抗殖民当局统治，是当时金沙萨市力量最强的民族政治组织。阿巴科煽动其成员非法占领国有土地。（当时，刚果已快要独立）除了反抗殖民当局，阿巴科领导人还在该市安置了数百名成员。他们为即将到来的全国选举和为将来独立的刚果共和国的人员配备而做准备。不久之后，巴孔郭的政治对手之一的巴特科联盟（UNIBAT）要求获得 4000 个城市地块。在遭到政府拒绝之后，1960 年 2 月，UNIBAT 总裁皮埃尔·蒙贝勒命令巴特科人占领了后来成为蒙贝勒城的地块。巴亚卡和其他匡果—基伍地区的当地人也这样做，占领了被称为卢卡镇的地方。

"蹲区"是非法占用城市土地的结果。然而，与其他国家不同的是，在刚果的城市里，蹲区并不是棚户区。因此，它们更多地被称为卫星城。金班瑟卡城就是一个卫星城，从一个小村庄恩得基里发展成为一个令人瞩目的卫星城。然而，即便是环境恶劣的地区也无法幸免于非法占有，比如山谷中满是沼泽的地区（兰巴、马卡拉和约洛），在暴雨期间涨洪水的地区（马卡拉、金森索），在现有城市的高压线路和空旷的区域（冯克贝尔城、卢卡镇、蒙贝勒城）。蹲区的人不会擅自闯入前欧洲人活动的区域。也许这些蹲区的人知道，欧洲人认为拉维尔是他们的专属领地，他们不会容忍在他们中间出现蹲区。

土地分配中介　大量非法占领土地的另一个结果是，各级当局都参与了土地的分配。此类权威机构专门应对蹲区现象所产生的问题。有些个人也参与其中，他们中介的是传统上由传统酋长管理的传统土地。政治领导人、民族社区的领导人和少数民族的成员都认为，土地上的第一批居民都应以某种形式参与土地分配。

例如，有个 M．雅伊卢的先生担任了冯克贝尔地区人民的发言人。巴特科地区的领导人皮埃尔·蒙贝勒也在利梅特地区做同样的事情，并最终让其名垂青史（蒙贝勒城就用了他的名字）。姆福万波莫负责监督恩戈列马地区的土地和地块分配。他是被认为是这片土地上第一批居住者的一员。在那里，冈潘尼酋长占领了马西纳蹲区后，让他的儿子负责司法和政治职能。在其他地区，有些成立了临时长老委员会来行使与土地有关的职能。他们出售土地，并解决土地纠纷，称其为集体或传统村落的成员。例如，在利梅特市，市政当局任命了一个部落代表委员会来监管蒙贝勒城的土地问题。

金沙萨是建立在巴特科和巴恩布的土地上的。传统上，在每个群体中，某些氏族享有为整个社会"出产"领导人的特权。这些领导人承担了组织公共生活和控制土地的责任，以此造福整个社会。这两个群体的成员并不是因为收入原因看中土地分配。他们发现了土地分配所带来的权力，以此抗衡金沙萨及其周边地区的政治对手巴孔郭的影响力，因为巴孔郭在数量上已经超过了他们。

人口涌入蹲区，由于土地稀缺，多个无组织的土地分配中介间产生了激烈的竞争，制造了无数无休止的土地冲突。一首名为"Makambo ya Mabele"（土地纠纷）的歌曲广泛知晓。

拉希特的建筑　雇主们制定了在工作营地规划和建造房屋的标准。在拉希特城，人们可以从任意一个负责的公共机构获得一块土地。这些地块被统一绘制，但所建房屋的规格是各个房主给出的；因此在拉希特和蹲区没有标准化的房屋。由于刚果工人的高失业率和低收入，建设的资金往往只能断断续续地提供。因此，建筑房屋一般要很长时间。经常可以看到人们在一个建造中的房子里住上相当长的一段时间。

金坦波和金沙萨在并入城市之前是农村。在合并的最初几年里，这里的房子与刚果农村的房子类似。他们有茅草屋顶、泥墙，不铺地板。建筑者在要建房子的院子里挖个坑，从中挖出泥土。通常，他们得从遥远的小溪、泉水或河流中用水壶、水桶或木桶运把水运来。他们把土壤浸在水里，用脚把土和水混合搅拌成泥。墙面的粉刷和平整都是手工完成的。他们从任何可能的地方把草拿来铺设屋顶。一种特殊类型的高草，在卢巴语中叫马西拉，是最适合铺屋顶的。它足够长，可以被绑在建筑体的横截面上，而且还可以挂在上面。它足够坚固，可以承受长期的降雨。为了增加阻力，草被分成捆束。在屋顶的时候，捆绑包被绑得非常靠近建筑体，重叠在一起，以抵御下雨。他们把草固定在从下往上排列的一排排的框架上，每一排

91

的新排部分悬挂在前一排之上。倾斜屋顶的顶排首先被它的顶部尽可能牢固和整洁。然后把它放在架子上，草均匀地散落在屋顶的顶上。最后，他们把草固定在屋顶四周的建筑体上。对于一个有盖屋顶，顶部的草排穿过山墙，悬挂在两边。

随着城市化进程的加快，刚果社区有了自来水，首先是在不同房屋间设有公共水泵。后来，他们在那些有能力支付安装费用和每月消费费用的人的个人土地上建造了水泵。到目前为止，在自家院子里没有自来水的居民会从有自来水的人那里借用。渐渐地，他们在拉希特里建造起房子，使用半耐用或耐用材料。晒干的砖墙取代了捣打成的泥墙。后来，煤渣砖块取代了晒干的砖。有时候，建筑商使用的是土陶砖而不是煤渣砖。屋面材料由草皮改为了瓦片或瓦楞铁。例如，在赤道省的一个小镇波恩德，绝大多数房子都是红色陶砖和铁皮屋顶。

在拉希特建造房子，土地主会与有经验的泥瓦匠签约，让其负责设计和奠基，同时会签约一位木匠负责屋顶。泥瓦匠和木匠拿到的合约是一样的。业主和家庭成员经常参与建筑过程。他们可以做砖块，把水带到建筑工地，或者在需要的时候提供其他形式的帮助。这些砖是用方形木盒子一块一块做成的。泥砖是用从院子里土坑里挖出来的泥土做的，挖出来的泥土与从院子里收集的沙子混合在一起。耐用砖由水泥和商业沙制成。砖块的质量取决于水泥、沙子和水的特定比例。房主一般更喜欢经验丰富的砖匠完成这项任务。砖块在建造前要晾干几天。当它们干燥时，雨水落在砖块上，使它们更强，能够抵抗对未来的雨水。

房屋建筑从地基开始。地基应尽可能地牢固。墙面在干燥后被竖立在地基上。水泥和水的混合物中，合适的比例是使房子经久耐用的必要条件。屋顶由专家负责建造。

对许多人来说，建造完家庭并不意味着建筑活动的结束。如果收入允许的话，房主会在这片土地上渐渐加长其建筑建构，这样会增加几个可供出租的房间。这些房间通常设置在院子后面，面向街道。

规划住房 工作营地、雇主资助住房和租用房很快就无法满足增长的住房需求。1949 年，作为一种补救措施，殖民地政府在主要城市建立了私人管理的公共建设公司，要求他们为刚果人建造和管理房屋。1952 年，这些机构合并成一个单一的机构——非洲城市办公室（OCA）。在金沙萨有很多 OCA 建造的城镇。卡坦加省首府伊西提维尔（卢本巴希）和卡萨省省会卢卢阿堡（卡唐迦）也都有他们的股份。这些规划中的社区房屋使用统一的标准，从而降低了成本。然而，他们太少、太贵，无法满足大多数人口的需求和预算。

在金沙萨，规划的城市里的房子都是多单元结构。伊莫刚果（独立后改名为马同戈）是一个例外。伊莫刚果是为高级公务员和刚果专业人员设立的，例如，医务助理和注册护士。这里的住房是独立的房子。某些规划城市的社区是单层多单元公寓。马特特的部分社区也是这样。其他城市的主要住房类型，如兰巴、班达伦格瓦和穆拉赫，由两层公寓组成。所有的建筑都是一排式的，面向主街，相互之间只有一个小小空间把它们隔开。客厅和厨房一律都在一楼。房子前面有一个小院子把楼房和街道分开。厨房在小后院，连接着公寓和一条狭窄的小径，这条小径从反方向贯通着相邻的公寓。浴室是建筑的一

93

个组成部分，紧邻厨房，但面向后院。楼上有两间小卧室和一间大的主卧室。后来发展起来的一些公寓，比如兰巴，比第一批更大。

在金沙萨，每个规划的街区都有商业区。在一个规划的社区里，商业区就是一群公寓楼围绕当地市场而建。每套公寓分为四间小房间，一间厨房和一间浴室，就像附近的其他地方一样。面向市场的房间是为商业而预留的。其余的都是给商人和他的家人住的。在刚果独立后（1960年6月30日），规划的社区受到房地产投机的影响。富有的人且有强大的政治关系的人租下了OCA房子，并以高昂的价格转租。许多人通过在后院建造额外的房间来改造他们的公寓。许多人在他们的前院有围墙，以获得更多的隐私。其他人，尤其是在商业区，把前院变成了酒吧或延伸出来的精品店。

拉维尔的住房 曾经为欧洲人住的房子都是用耐用的材料建造的，很大而且保养得很好。他们通常称这里的房子为别墅。在殖民初期，仆人的小房子位于主房后面。他们口语化地把它叫做"小男孩"，因为欧洲人把非洲仆人叫做"小男孩"。独立之后，富有的刚果人保持着建造"小男孩"的习惯，用来给来城里投靠他们的亲戚住。许多房子周围有一个围有围墙的大铁门。在入口处或角落里，通常有一个较小的房子，供门卫来控制大门。公共部门的别墅有更大的大门，也会不止一个警卫。一般来说，拉维尔都是城市化的。它有铺设好的道路，每一个家都有自来水和电。

商业区有两种截然不同的面貌。供应刚果人的小型零售企业总是位于拉维尔的边缘。老板通常是犹太人、希腊人或葡萄

94

牙人，比利时人把他们都称为"外国人"。一些商店看起来很干净，但也有些闻起来有变质的食物，里面挤满了面粉袋、咸鱼和棕榈油的存货。商店成排出现，面对着刚果人去往市区主要市场的道路。金沙萨的主要商业区有宽阔的街道和许多高楼大厦，特别是独立后。他们称这里的街道为"大道"或"林荫大道"，以区别于拉希特的小街道"Rue"（街道）。

第五章　食物与服饰

　　刚果人民广泛种植各类粮食作物，包括玉米、水稻、小米和高粱等谷物；木薯、甘薯、山药、芋头和白薯（基伍地区）等块茎类作物；各种豆类（红、白、绿）、黑眼豌豆；花生、南瓜、香蕉，还有芭蕉、橘子和芒果。全国各地都食用上述几乎所有的作物，但在不同的地区或民族地区占主导地位的食物却不一样。有些食物可当饭吃，另一些则作为零食。烹饪和饮食习惯也不尽相同。总的来说，如果条件允许，一顿大餐应包括主食、蔬菜，还有一些鱼或肉。各种昆虫（包括蠕虫）可与肉或鱼一起食用或替代肉或鱼。首都金沙萨是全国各地烹饪美食的聚集地，恩甘达餐厅（民族菜肴餐馆）就是很好的一例。

　　刚果的服装是从树皮和拉夫菲亚树皮的衣服演变成今日的女装和男士欧式长裙的。在蒙博托独裁统治时期，男人们被迫穿得像中国人一样。他们穿着以毛泽东主席为原型的阿巴科斯服装。在同一时期，那些买不起阿巴科斯的人不得不求助于"大喜基"，这是一种西非风格的衬衫，一般都是挂在裤子上。

　　本章的第一部分从三个方面讨论了刚果食物，主要是：淀粉类食物、与淀粉类食物同食的食物以及恩甘达餐厅。第二部分讨论刚果服饰和饰品种类。

刚果的饮食和烹饪

在刚果人的家里，每顿饭都含有淀粉食物，还有一些与之搭配的食物。淀粉食物及其配食都反映出地区和民族的偏好，尽管某些淀粉和蔬菜随处可见。

淀粉类食物

不同民族食用不同的淀粉类食物。例如，对于典型的卢巴男性或女性来说，所谓吃饭就是吃恩什麻，这是一种由玉米粉和木薯粉混合制成的膏料。其他一些民族也有他们的各自的"恩什麻"，只是名字不同：西卡塞称其为比迪亚，班顿都地区、赤道地区及下刚果省份称其为福福。在卡唐迦、基伍和上刚果省又称作乌嘎里[①]。还有一种以木薯为原料的淀粉面包叫匡嘎，在刚果各地都有人食用，其中以金沙萨和下刚果地区为甚。也有以植物为原料的菜肴马肯巴，其中最著名的是李图麻

---

① 除了作者的个人经历之外，本节的灵感还来自于居住在亚特兰大、乔治亚州或从刚果访问亚特兰大的几位刚果男女。2000 年，在这本书的撰写过程中，作者就刚果的烹饪和饮食习惯的各种问题对以下个人进行了访谈或对话：西蒙·伊隆加神父、姆瓦·希坦布瓦修女、吕西安·伦坦迪拉牧师、珍妮·卢基博沃·伦坦迪拉修女、马本瓦·纳纽泽伊博士和康斯坦斯·纳纽泽女士、施马塔·石楠卡先生袅雅·石楠卡夫人、瓦库特卡修女和史黛芬妮·马比卡·易伦卡先生。

（烤芭蕉菜），是基桑贾尼和上刚果省其他地区的特色菜。大米、豆类和红薯是淀粉类食物的主要来源。凡是喜爱淀粉食物的地区，绿色蔬菜、昆虫、鱼或肉也必不可少。木薯叶是最受欢迎的绿色蔬菜。我将在下文中介绍淀粉菜肴及其配菜的准备和烹饪过程。

恩什麻 这种淀粉食物在卢巴/卡塞地区盛行。它是由玉米粉和木薯粉制成的糊状物，其理念是注重两种面粉的平衡组合。在卡塞的其他地方，他们称之为恩什麻·比迪亚。玉米粉和木薯粉的相对重要性因其在比迪亚中各自的含量而存在差异。玉米是一种季节性作物，但木薯全年出产。因此，他们全年都能出产木薯做的比迪亚。在刚果的其他地区，恩什麻或比迪亚被叫做福福和乌嘎里。福福是金沙萨、在该国其他讲林格拉语的地区、下刚果地区以及班顿都地区使用的词。这些地区大抵只使用木薯粉。"乌嘎里"一词在讲斯瓦西里语的省份使用，例如在卡唐迦省，他们只用玉米粉。

制作恩什麻时，先把玉米晒干，然后用杵在一个大的木臼里将玉米捣碎。也可以用一个小的扁石在一个大的凹石头上研磨。传统上是女人来承担研磨工作，她首先在凹石上的中空处放置适量的谷物。然后，她跪在磨石后面，双手拿着一块较小的石头或一只杵，用手推着它来回移动，压在大石头上。这样她就磨碎了谷物。她反复做这个动作，直到工作完成为止。每一次，她都把磨碎的谷物收纳在一个大盆或一个紧密编织的篮子里。木薯通常是压碎的，而不是磨碎的。如今，传统的方法已被小型发动机驱动的玉米粉碎机取代。在村里，干燥的木薯被保存在厨房的阁楼里。晒干的木薯表面颜色变深，布满灰尘。因此，在烹调之前有必要清洗一下。清洗下来的木薯残渣用来喂山羊和绵羊。清洗完毕之后，用于制作恩什麻的木薯被切片、捣碎或磨碎。在城市里，木薯很少需要清洗，因为储存时间一般都很短。

在玉米或木薯被捣碎或磨碎后，食材就完成了筛选，精制粉与未加工的粗粉分开。余下的玉米可以在饥荒时煮粥食用，而多余的木薯片被用来喂山羊和绵羊。只有精制的面粉才用来做主食恩什麻。在烹饪时，先把水加热，然后慢慢地把少量的玉米粉倒入水中，用木勺搅拌。当混合物重新沸腾时，再放入木薯粉及更多的玉米粉，搅拌均匀。此时混合物已经成为了恩什麻。之后用一个湿木勺把它盛进木碗或葫芦里。在城里，进口的瓷盘已经取代了葫芦和木碗。最后，如果可能的话，将绿色蔬菜、昆虫、毛虫、鱼或肉配上恩什麻一起食用。

匡嘎　这是一种用木薯制成的发酵面包，是下刚果、班顿都和赤道地区最常见的淀粉类食物。匡嘎可能是刚果最商业化的本土食品。生产匡嘎是一个漫长的过程。先要从地里收获木薯根，随后需要将其浸泡 3 到 4 天。浸泡能软化根部，也去除某些木薯品种的苦味。木薯被浸泡在池塘里，最好是通过筑坝形成一个活水小溪。

在第三或第四天，当木薯根变软的时候，将它们从水中取出，剥皮、清洗，并检查去茎。将木薯沥干后，用手按下柔软、干净的果肉，将其放置在一块平板上，用碾压器压碎。还是用手将木薯制成球状，将薯球在沸水中煮，直到变成棕色。将薯球从水里捞出、沥干、再次碾碎。最后，用香蕉叶把薯球包起来。把薯球包放在一个大的煮锅里煮大约两个小时，再把

100

它们从水里捞起、晒干。到此为止，匡嘎就可以食用了。

匡嘎的制作过程——浸泡、去茎、磨碎或敲击、制球和将球包裹在植物的叶子里——细节不尽相同，匡嘎的大小以及烹煮、沥水和干燥时间和次数上也有差异。在一些下刚果地区，匡嘎的烘焙包被放在一个坑里，上面覆盖着泥土，然后在坑上点一把火把它们煮熟。

李图麻 李图麻是金沙萨最著名的芭蕉菜，是来自基桑贾尼的人们的特色菜。李图麻是用烘烤的芭蕉做的。烤芭蕉的一般名称是马肯巴·亚·科同巴。用于制作李图麻或其他烹饪方式的植物需先用水洗净，然后放入沸水中。制作李图麻的芭蕉煮很短的一段时间，然后沥干。接下来，剥皮、切成小块、与木薯粉混合，再用木板或磨石碾碎。也可以放木臼里把它们捣碎。捣碎的芭蕉被做成球状，用香蕉或芦苇叶包裹起来，用温热的火灰、木炭或柴火中慢慢烘烤，有时也在金属烤架上烤。

芭蕉也可以油炸或者直接水煮。煎炸的芭蕉（马肯巴·亚·科同巴）只需煮一小会儿，随后在烤架上或香蕉叶子上沥干，如同烘焙。然后它们被一切为二，若是长芭蕉就切成多块。与此同时，在金属或粘土锅中把油加热。棕榈油比花生油或其他进口油加热的时间更长，以便油与残渣分离。当油色变暗时，把芭蕉片放在锅里煎炸，每隔一段时间就翻动一下以避免烧焦。当芭蕉两面的颜色都变成棕色时，就从锅中取出，放在盘子或烤架上，沥干后再上桌。水煮芭蕉，马肯巴·亚·可托基萨，也是最基本的烹饪植物之一。和前述一样，在水煮之前先把这些植物洗净。只是，这次煮的时间更长一些，一直要煮到它们足够软，可以直接食用。

罗索·纳·马岱苏 这道菜是米和豆。大米在一些刚果人群的饮食中占主导地位，比如阿特特拉人。巴希人的主食是豆子。在金沙萨和其他城市，米和豆这两种食物还是分开食用的。然而，越来越多的人把它们当作一道菜肴一起吃了。不管是分开吃还是一起吃，米饭和豆子都是分开煮熟的。在村里，这两种食材的准备都需要捣碎和脱壳。在城里，有现成的米和豆子卖。第一步操作是冲水、清洗。干净的米饭可以直接煮。通常，在第一轮水煮之后，渐渐把火调小以便慢慢煮。豆类需要几个小时的浸泡和慢煮。烹饪后，把它们混合在盆子里或盘子上。在这种情况下，豆类是米饭的配料。在加入米饭之前，豆类也可以和酱汁混合在一起。

姆巴拉 甜土豆的烹饪方式与芭蕉相似，即煮、炸或烤。在这些煮土豆的方法中，水煮是最常见的。用水煮时，甜土豆先用冷水洗净，这和其他食材的做法类似。然后，用刀削去土豆的皮，随后再煮或炸到满意为止。烤甜土豆放在膜衣里单独烤，用香蕉或芦苇叶包裹。

比妥妥 这道菜把几种食物混合在一起：香蕉、木薯、黄油豆、玉米、南瓜、鱼、木薯叶、洋葱和西红柿。从民族上讲，比妥妥与刚果族群的分支巴永贝人有关联。

什姆库 卢巴村庄的妇女们曾经制作了一种名为"什姆库"的蛋糕，她们把甜土豆和干烤花生混合在一起。加工什姆库的过程首先是用手指摩擦烤熟的花生以便于去除坚果外的果壳。随后把它们放在一个盆里或一个紧密编织的、轻盈的圆形篮子里，摇动篮子分离坚果与谷壳，以便去除果壳。然后，妇女们把坚果放在木臼敲碎，或用磨石碾碎。酱料和土豆混合在一个盆子里，加入一些水用木勺搅拌。最后一步是要制成土豆—坚果混合球，用香蕉或芦苇叶把它们一个个裹起来，短时烘烤包裹即可。

淀粉食物的配菜

淀粉类食物，尤其是恩什麻（比迪亚）、匡嘎和李图麻，并不是单独食用的。配菜是常有的，比如绿色蔬菜，也有昆虫、鱼或肉。

木薯叶　木薯叶的准备工作从清洗、敲打和浸泡开始。在锅里浸泡一小时或更久。有时不浸泡，直接水煮、捣碎和烹饪。卢巴人喜爱木薯叶是出了名的。卢巴语中把木薯叶蔬菜叫做马坦巴或卡乐基。卢巴家庭中马坦巴的消费频率如此之高，以至于被认为是一种浪漫的表达爱意的方式："如果有人像爱马坦巴一样爱你，那你就有福了，即便你碗里还有马坦巴，他也会再给你添上。"

什特库特库　什特库特库这种绿色的棘状蔬菜可能是除木薯叶外食用最多的蔬菜。什特库特库这个词的复数形式（比特库特库，bitekuteku）和另一个卢巴语词的复数形式（图勒基，tuleji）常常用来指代一般意义上的绿色蔬菜。有时，这些名词用来指招待尊贵客人的饭，即使食物中没有绿色蔬菜。比特库特库和图勒基这两个复数形式的名词彰显出主人的丰足和谦逊。

姆丰布瓦　一些野生植物也丰富了刚果人民的盘中餐。姆丰布瓦广泛种植在下刚果和其他一些地区，是金沙萨最受欢迎的绿色植物之一。它可以新鲜吃，也可以晒干后吃。姆丰布瓦的烹饪准备包括在凉水或温水中清洗新鲜的叶子，并将它们切成很小的部分。姆丰布瓦也可以晒干后存放在干燥的袋子或陶罐里，供日后食用。新鲜食用的姆丰布瓦与西红柿、盐、洋葱、芹菜和胡椒一起烧煮。

蘑菇 刚果并不种植蘑菇，但刚果各地都有食用野生蘑菇的习惯。卢巴人认为蘑菇相比其他蔬菜有些特别，也许是因为它们不太容易得到，也许也是因为肉类很稀有。有时，他们会跟孩子们说：蘑菇是一种肉。雨季的时候，可以在烧尽的草场上采到蘑菇。有时，人们可能在去往某地的路上正好途径一片蘑菇地，就顺便采摘一些。然而，有些人认为在去抓捕动物、钓鱼或打猎的路上遇到蘑菇（特别是一朵独生蘑菇），不是个好兆头。在卢巴人的家庭中，他们会将蔬菜与淀粉主食恩什麻一起食用。在其他地方，他们还会与像匡嘎、李图麻或罗索这样的刚果主食一起食用。没有淀粉食物的时候刚果人是不吃这样的蔬菜的。

其他蔬菜 刚果饮食中其他主要的绿色蔬菜包括姆特塔（muteta，苦树叶）、姆迪布（mudibu，南瓜叶）和比卢嘎隆嘎（bilungalunga，红薯叶）。姆帕拉（Mupala）、恩基卢（njilu，茄子）、姆伦布瓦（mulembwa，秋葵）和布萨（busa，一种特殊的秋葵）位居二线。卢巴人认为秋葵是妇女和儿童的蔬菜，但许多成年男子也吃这种蔬菜。姆特塔味苦，所以它通常与上述其他蔬菜（除了木薯叶、姆帕拉和秋葵）混合在一起食用。茄子可以单独烹煮，或与木薯叶或其他蔬菜混合煮，有时也可以生吃或烤着吃，很少会是一顿饭中唯一的蔬菜。

昆虫 只有某些昆虫可以食用，包括一些种类的蚂蚁、蟋

103

蟀、蚱蜢和毛虫。两种生活在特殊的土堆中的飞蚁也可以食用，其中一种是白色的，另一种是棕色的。白蚁生长在细长的锥形土堆里，棕色的蚂蚁则生长在更大、圆顶状的土堆里。白蚁可以生吃或烤着吃，而棕色的蚂蚁可以烤着吃或晒成蚁干。第三种可食用的蚂蚁不会飞，英语中把它们叫做兵蚁中的士兵。他们也在土堆里生长。闽屯图或利可勒勒是食用最多的蟋蟀，它们生活在地上的单个洞里。可食用的蚱蜢包括闽科瑟、马拉拉、姆贝迪和卡曼伊曼伊。卡曼伊曼伊可能是所有食用蚱蜢中最小的一类。兵蚁、蟋蟀和蚱蜢通常是烤着吃。毛虫在刚果饮食中占有重要地位。它们也是野生抓来的，而不是养殖的。可食的毛虫被称为梅什，不可食用的毛虫叫做比什什。梅什是以它生长的树木命名的。类似的还有蛆，它们时常生活在棕榈树的内部。在刚果的所有毛毛虫中，最具商业价值的是西卡塞省的什卡帕，值得一提的是这种可食用毛虫生长在被烧毁的草地上，且比其他毛虫小得多。

鱼和肉　显然，在水道附近的地区鱼类更为丰富。刚果河及其主要支流以及它们各自的补给水源、湖泊是重要的鱼类栖息地。鱼的烹调方式多种多样，包括烤、煮、炸。用作日后食用的鱼通常会做成烟熏鱼，这样更便于保存。咸鱼被叫做马卡雅伯，可以保存更久。生活在农村地区的人们比城市居民更容易获得野味。相比之下，城市里生活的人更易接触到商业化生产的牛肉和猪肉。新鲜的肉大多是炖的。金沙萨的市场上、酒吧的前院以及一些主干道附近都以出售马伯可（用香蕉叶子包裹的烤鱼，富含胡椒）和卡蒙得勒（小的烤山羊或牛肉串）而闻名。还有一种叫做利可伯的无骨野味，用兽肉与油、洋葱

104

和香料混合而成并用香蕉叶包裹着烘烤。

姆万别 姆万别是在干木薯叶和花生酱做成的酱汁中煮的鸡肉。这种酱是用干花生做的。制作的第一步是适度地烤花生，也就是说，需要烤到恰好可以轻轻剥去花生的内膜，不能过头。在烘烤后，花生被盛放在一个广口容器中，如葫芦碗或一个紧密编织的篮子。下一步是去除花生的糠衣，这步操作是在烤花生冷却后手工进行的。然后是筛选，再接下来是在一个小的砂浆里打碎花生或在木板上研磨。现在，有些人用小型磨床来研磨。随后，将花生糊放置在即将煮熟的木薯叶中。在混合物煮熟之后，木薯叶和花生糊就变成了姆万巴。姆万别中的鸡肉是分开烹制的。煮完之后，将鸡肉与姆万巴混合。然后，将鸡肉和姆万巴一起煮一小段时间，之后与匡嘎或罗索一起食用。有时用棕榈油或花生酱代替花生糊。

恩特塔 恩特塔是种子的总称。南瓜子是刚果食谱中最常见的种子。恩特塔的准备和烹饪都是由妇女来完成的。制作南瓜子的妇女首先用手或用勺子将南瓜种子从南瓜中分离出来，放入盆或葫芦碗中。她把容器里的瓜子洗净，再用手将它们一粒一粒捞出。然后，她把瓜子放在一个通常用来晒干木薯的架子上或放在地上的垫子上或干脆放置在地上的一处干净的地方晒干。当种子晒得足够干时，她用手来剥壳。然后，她把恩特塔和新鲜的番茄及新鲜的洋葱混合在一起，用杵在臼里磨碎，再将混合碎物盛在一个盆或一个罐子里。之后她用右手手掌将混合物搓成恩特塔球，然后把它们放在盘子里或者放在葫芦里。

恩特塔·米什巴 在大多数情况下，恩特塔都是和鱼干一起煮。厨师先做恩特塔，之后再做鱼。为了准备鱼干，她先把水注入桶里，烧水，然后把鱼干放在水里。她用手把鱼和鱼骨分开。完成后，她把鱼冲洗干净并在水中烧煮。

恩特塔·聂·梅什 还可以用其他方法来烹饪恩特塔。其中之一就是恩特塔·聂·梅什。这是用毛毛虫做的恩特塔。毛毛虫通常在烹饪前用某种方式处理。多毛或硬皮的毛毛虫在煎炸之前先要清洗、水煮。苦味的毛毛虫在烹饪前会浸泡几个小时。其他的毛毛虫准备工作也包括干燥或涂上面粉，具体取决于毛虫的品种和味道。南瓜种子准备好后，就将毛虫和恩特塔混合在一起。无论是单独烹饪还是与恩特塔混合，毛虫都与这些主食一起食用：恩什麻、罗索、匡嘎及马肯巴。

恩特塔·蒙尹伊 另一种烹调恩特塔的方法是用新鲜的肉，成品叫做蒙尹伊。山羊肉是刚果最常食用的鲜肉。若条件许可，牛肉可以作为替代品。恩特塔的肉是与一种叫做什科塔的芳香草药一起炖的，可以起到调味作用。

酱汁和调味品 在刚果最常见的烹饪方式是炖。烹饪蔬菜、鱼或肉的汁液可以用来蘸恩什麻或洒在米饭上。尽管刚果出产西红柿和洋葱，但食用西红柿与城市生活的相关度更大一些，与乡村生活关系不大。西红柿可以用作酱汁，浇入肉或蔬菜中。洋葱在刚果各地也有，但实际上，某些地区的村民根本不吃洋葱，而是用各种芳香草来代替。例如，卢巴的村民就不吃洋葱，他们会用一种名为"什科塔"的芳香草本植物或另外两种叫做"伦伊"和"什迪布伦伊"的芳香植物的叶子来调味蔬菜或肉，尤其是鸡肉。"伦伊"和"什迪布伦伊"非常相像。事实上，第二种植物的名字什迪布伦伊的意思是"像伦伊那样的"。"当然，刚果人烹调蔬菜或肉时会用盐和油。"然而，有些人，如卡塞的卢巴人，更喜欢少盐的木薯叶。他们用甜青椒和红辣椒来调味肉或蔬菜。不同种族的人的食物辣度也有不同。例如，卢巴人不会给他们的食物加很多辣，而宋耶和其他许多族群却相反。

恩甘达餐馆

城市饮食更为国际化，把不同地区的淀粉类食物和菜系结合在了一起，甚至还把具有欧洲风格的欧洲进口食材与本地食材结合起来，如面包和啤酒。这种具有合璧色彩的小餐馆在金沙萨被称作恩甘达餐厅，专门提供民族特色菜肴。

恩甘达餐馆　恩甘达餐馆在 20 世纪 70 年代和 80 年代蓬 106勃发展。这些餐馆是金沙萨为数不多的、典型的以女性从业者为主的行业之一。（恩甘达这个词单数、复数形式相同）恩甘达是一种介于酒吧和餐馆之间的餐厅。一方面，恩甘达有点像酒吧，人们多去喝东西，而不是吃饭。另一方面，他们又像餐馆，因为他们提供的是真正的餐食，而不是零食。在金沙萨的不同区域，恩甘达提供不同种族的风俗菜肴。

刚果人民的恩甘达　刚果人来自巴斯刚果（下刚果）——刚果河下游，在金沙萨的下游区域。他们的恩甘达主要提供一种用风布瓦（一种特殊蔬菜酱）烹制的鱼，与匡嘎（一种典型的刚果淀粉类食物）一起食用。

河滨人民的恩甘达　来自刚果河沿岸地区（迈·恩冬贝上游）的人们的恩甘达供应一种名为马伯可的鱼。马伯可是用芦苇叶烘烤的鲜鱼，并配上马肯巴（烧熟的芭蕉）。

卡塞人民的恩甘达 卡塞人的恩甘达特色是山羊肉和木薯叶类绿叶蔬菜，与恩什麻淀粉或米饭一起食用。在卡塞人的恩甘达中也有穆塔·瓦·姆布基，这是一种由山羊头做成的汤。

在民族聚居区的恩甘达时常提供本民族特色菜肴。在工作日，这些饭店大多在下午和傍晚营业。位于恩贡贝商业区的较国际化的恩甘达在白天也营业，午餐时间人气最高。

恩甘达不仅仅是个吃喝场所，他们还为那些有某共同爱好的人提供了会面场所。恩甘达的顾客可分为三个社会阶层。第一个阶层由最不富有的顾客组成。他们通常是成群结队地来，并当场支付饭钱和啤酒钱。这样的付款方式使他们能够负担起年轻时对他们来说价格过高消费不起的一些食物。此外，在恩甘达的会面给他们提供一个分享信息和评论时事新闻的机会。

来恩甘达的第二个阶层是那些相对富裕的人。他们通过投机买卖或贩卖宝石赚到钱，来此大手大脚消费。他们也利用恩甘达来分享信息和辩论问题。不同于前一类的群体（前一类通常坐在室外），按照惯例，他们常常坐在恩甘达的室内，那里的价格更高一些。

恩甘达顾客中的第三个阶层是专业人士，如医生、大学教授、银行首席执行官或政治人物。他们受到了极大的尊重。恩甘达几乎是他们唯一可以完全放松的地方。而且，他们经常只光顾特定的恩甘达。

许多恩甘达开在居民区附近。作为一个规则，恩甘达的经营者会是单身女性、离婚的人、寡妇或妇女作为未婚的异性伴侣和男性同居。恩甘达一直营业到深夜。经常出入恩甘达的人有时行为不端，因此，恩甘达不由已婚妇女经营。

服饰和装饰

刚果服饰

在刚果村庄里，年长的人会说人们过去常常穿着树皮或拉菲亚的衣服。如今，女性的长袍和男性欧洲风格的服装中占据了主导地位。在蒙博托政权期间，人们穿着阿巴科斯或步步。阿巴科斯是一款男士四扣或六扣单排暗扣服装，有凹口领和窄翻领，也可以是中国式衣领。步步，或称作大喜基，是从西非进口的一种通常用彩色印刷布料制成的衬衫，男人们将其穿在裤子上方。这通常是套装的一部分。蒙博托总统有大批受过训练的男性和女性啦啦队领袖（首领），他们唱歌和跳舞，宣传他的荣耀。女人穿着绿色的基昆别和李巴雅，男人着绿裤子和步步。各级机构的成员都穿着制服。

女人的裙子 在古代，最常见的女装是由拉菲亚或珠裙做的。躯干通常无法遮盖。渐渐地，拉菲亚或珠裙被一套从腰部到脚踝覆盖整个身体的长袍所取代。这个长袍直到现在都是刚果女人的独特着装。基昆别的上半身也是用同样的材料、用非洲的李巴雅或西式的风格缝制的上衣。在农村地区，这种袍子通常只是系在腰带上，袍子的上缘挂于腰带上方。在特殊场合或节日，袍子的上部通常会翻卷起来。

有时女人穿两件袍子，而不是一件。这种时候，较长的袍子（基昆别）挂在腰带上，而第二件袍子（里普塔，一般稍小），包裹在臀部上，在腰部翻卷几次。胸罩不是农村妇女的

108

典型服装。拖鞋、凉鞋、人字拖是那些负担得起的人时常穿着的鞋，他们不能赤脚。

富裕的女人大多生活在城市里，她们穿着更漂亮、更昂贵的袍子、上衣和鞋子。上档次的袍子的首选材料是蜡。刚果的马鲁库有一家蜡印纺织厂。然而，讲究的女性更爱好进口的蜡，尤其是来自荷兰的蜡。大家相信荷兰的蜡的质量更好，能够长时间保护衣服的质地，使其经久耐用。刚果女人经常用一件进口的衬衫来代替一件打蜡上衣。打扮更为精致的妇女会把一个头巾系在头上，头巾的末端挂在背后。头巾可以与袍子是同种材料，也可以是其他材料。现代刚果妇女喜欢用一些首饰来搭配她的节日服装，比如手镯、项链和耳环。然而，在刚果妇女中，佩戴珠宝并不常见。

男人的衣服 刚果男人，就像女人一样，曾经在腰上穿了一、两件拉菲亚布。后来，印染材料取代了拉菲亚。直到20世纪40年代及50年代早期，一些乡村男人穿着一种叫基昆别做的衣服，它包在臀部，上端穿过皮带，系于腰间，里外翻滚几圈形成形成一个卷——什分达。衬衫塞在基昆别内部。男子的基昆别堪比今天最常见的非洲女性服装，但颜色要么全是白色，要么是恩佐博巴，这是一种由白色和蓝色垂直条纹变化而来的图案。有时，基昆别从人的左臂下开始包裹全身，并在右肩上打结。这种穿着叫做姆帕拉拉。穿姆帕拉拉可以不用衬衫，但是因为右边仍然是不封闭的，所以一般还要穿短裤或长裤。男人的基昆别和女人的一样，从腰部覆盖到脚踝，而姆帕拉拉从肩膀覆盖到膝盖。

20世纪50年代，长裤、短裤完全取代了什分达。姆帕拉拉在一些地区仍然可以看到。长裤或短裤配上一件衬衫。起初，衬衫以短袖为主。渐渐地，长袖衬衫变得流行起来。现在，相比乡村服装，领带和礼服夹克更有城市气息。和过去一样，在今天的庆典舞会上，尤其是在腰部以下的舞蹈中，男人仍然会在腰带上裹着女人的袍子。

公民服饰 服饰从来都不是一种个人品味的表现，而总是具有多重功能。除去个人因素，衣服可能反映出一个强权人物的政治意愿。在蒙博托独裁统治时期（1965～1997年），刚果人的服饰经历了两次革命。第一次革命来自中国。蒙博托总统借用了毛泽东主席的阿巴科斯，将其作为全国男人的国服，并禁止领带和夹克。金沙萨商店里到处都是阿巴科斯，既有进口的成品，也有进口来的原材料，用于当地现做。事实上，当地的裁缝，不论刚果人还是外国人，都成了长袖和短袖阿巴科斯的制造商。然而，对普通市民来说，阿巴科斯太贵了。这种情况促成了第二次服饰革命，女性服饰中的经典彩色布料——蜡，开始在男性中流行起来。刚开始时，蜡的价值达到前所未有的高度。社会经济地位比较高的刚果妇女成为了非官方的时装模特。各种各样的蜡料从荷兰进口到了刚果。

当地工厂随即效仿。蜡也从纯粹的女性服饰变为男装的一部分。男人也接受了蜡衬衫。除了蜡，男人还接受了步步，刚果版的西非"大喜基"。多色蜡质步步材料成为男人普通服饰选择的一部分。

特殊的服装 蒙博托总统炮制了大批的支持者，男男女女，他们的角色是通过舞蹈和唱歌为他歌功颂德。这些被称为"啦啦队领袖"的特定团体，穿着派对的色彩，举行公开的啦啦队庆祝活动，唱歌、跳舞，称赞蒙博托为领导扎伊尔革命的国父。这些动画师穿着统一的服装，上有蒙博托总统穿着工作服的画像。当总统的着装发生变化时，啦啦队领袖们的制服也跟着改变，以反映他在新服装上的形象和色彩。

在节日期间，许多其他的团体也参加了支持蒙博托政权的游行活动。在1965年11月24日蒙博托政变前，6月30日（刚果的独立日）大家都会载歌载舞。政变后，11月24日取而代之，占据了重要的地位。蒙博托的政党叫做"人民革命运动"（MPR），它还有个青年分支——"青年人民革命运动"（JMPR）。JMPR的前身是1966年成立的军团——"共和国志愿者"（CVR）。CVR起初支持用两党制取代1960年代听命于部落的各政党。1967年4月，蒙博托的独党MPR成立后，CVR成为MPR的一部分。这样CVR就演变成了JMPR，成为了MPR的常设青年运动团体。CVR的颜色是绿色和白色。JMPR成员身穿带毛式领子（圆领，类似于当时中国毛泽东主席的领子）的卡其色制服。

军队的不同部门有不同的颜色。陆军有一套卡其色服装和迷彩服。伞兵们穿着卡其制服，头盔上有一条红色条带。宪兵（军警）也有卡其制服，但他们的头盔上的条带是白色的。突击队穿着迷彩服，头戴绿色贝雷帽。地面部队穿卡其制服，戴贝雷帽。海军一身蓝色，海军军官着蓝色衬衫。

一些平民团体也穿制服。金邦教会的成员们穿着绿色的裤子（男裤和女裙）和白色上衣（分别是衬衫和女士上衣）。女人们也戴着绿色的头巾。学生们着校服。红十字会和救援军的当地分支也参加游行，他们穿着经典的颜色，也就是美国卡其色和白色。

装饰

对美学的探索渗透到整个刚果的艺术作品中。在刚果艺术中发现的多种审美表达方式中，身体装饰、精致发型、风格壁画和美学雕刻都只是少数。芒贝图人是最受好评的群体之一。以下将举例说明①。

美学装饰　在刚果几乎所有地方都实行了"身体刻痕"。身体刻痕传达的不仅仅是种族认同或勇敢的信息。一般来说，身体刻痕，尤其是在女人的腹部，是为了强调美丽、吸引力和色情。一座雅卡人祖先的女性雕像穿了一件镶有美丽珠子的裙子，发型精雕细刻。一个庵巴人的女性雕像的腹部被设计成了菱形，以突出腹部中心部位。各种装饰令人印象深刻，她有长长的眉毛、大大的脸，还有一个像链条似的设计把脸庞与头发分开。对美学的关注并不局限于人体。在下刚果的社拉有个地方叫恩孙迪·塞塞，当地发现饰粉盒上有大量的装饰物。

班顿都的恩卡奴人用彩色发饰和环形包围式高浮雕装饰他们的面具。勒勒人的管形碗是人头的形状，上面有锯齿状装饰的，会让人想起勒勒人的棕榈酒杯，他们的棕榈酒杯上也常见这种装饰。勒勒人的近邻库巴人，喝棕榈酒的酒器是一个装饰

---

① 关于刚果的美学，参见伊妮德·希尔德克劳特和柯蒂斯·A·凯姆：《非洲反思：东北扎伊尔的艺术》（华盛顿特区：美国自然历史博物馆，1990）。另请参见莫妮卡·布莱克姆·维希娜、赫伯特·M·科尔和麦克·D·哈里斯编辑的《非洲艺术史》（纽约：普伦蒂切霍尔出版社，2001），366～437。

着蜥蜴的羊角，类似女性的纹身图案。在库巴乡村地区，即使是治病用的灌肠设备也有漂亮的装饰。库巴人也从卡塞人那边学来了拉菲亚的制作方法。库巴皇家乐鼓用珍珠、贝壳和谷物装饰得令人赞叹。宾基人制作的大象雕像上图案相互交织，与库巴人的作品有的一拼。

芒贝图文化中的装饰 芒贝图人有着丰富的艺术传统。他们的艺术作品种类繁多，包括象牙角、兽皮、植物纤维、木材和黄铜已经用象牙制成的陶罐、葫芦和刀具。除了种类繁多，芒贝图艺术对美学的关注让人叹为观止。[1] 许多芒贝图工具在初次制造时是装饰品，日后才成为了工具。举一个例子，扫帚首先在舞蹈中使用，是在空中挥舞的魔杖，直到后来它们被用来清扫。

美学的一个方面就是身体的装饰。芒贝图的孩子在出生时就在腰上系上一根腰带，腰带上的护身符是用精美的动物皮、爪子、骨头、牙齿和贝壳制作的。这些东西是希望把动物的力量和迅捷赋予孩子们，同时保护孩子们免受疾病和女巫的侵袭并带来好运。以前，孩子们还会戴一根由人的头发或植物纤维制成的绳子，将它绕在头上以拉长头部。在青春期前后，男孩要行割礼，在这之后，还要在身上刻痕。女孩也行刻痕，目的是增加她的美丽。

不论男女都特别重视头型、发型和头顶的装饰。富人的发型比那些社会经济条件一般的人更考究。富裕的妇女用从战俘或从其他妇女处购买的头发来补充自己的头发。世纪之交带来了新的发型。在 20 世纪初，男人们已不再热衷把自己的头型

---

① 关于芒贝图的装饰艺术，参见希尔德克劳特和凯姆《非洲反思》，123~141。

拉长，而女性开始普遍在头发上戴上一个光环形状、表面带有 114
头发的编织带。

对头部护理的重视也体现在梳子、发夹、帽子和帽子上。芒贝图的男女都戴着用棕榈纤维、豪猪刺、木头和金属做的梳子，用来装饰头发。男人们戴帽子，用别针固定。妇女偶尔才戴帽子，比如跳舞的时候。通常情况下，女人会用金属、骨头或象牙制成的发夹和梳子。芒贝图编织者用某些技术来提高帽子的美丽程度。例如，大多数帽子都是由棕榈纤维条编织而成的，上面各类图案是天然的或用燃料染成的。帽子上的纤维条 115图案交替出现在外侧和内侧，以使帽子表面产生不同的光线反射效果。有时，帽子会用高粱条编织，它们明亮、浅黄的颜色能增添几分美丽。还有把各种各样的羽毛捆在一起绑在帽子上的。

蒙博托元帅的装饰品 蒙博托总统自己首先"皈依"了中式阿巴科斯。他把个人崇拜（自我推销）发展到极致。事实上，他让民众称他为"最高领导，国家之父"。在全国的媒体中，他照片中的形象是上帝在人间的化身从天而降。他还穿 116着俗艳的步步样的衬衫。精雕细琢的权杖和一顶美洲豹皮帽子和步步。1982 年，蒙博托宣布自己为元帅，并将绿色、金色和红色作为他的政党（MPR）和他的权力勋章的官方颜色。他的正装含有几件装饰品，也都是上述三种颜色。一条锦带穿过他的胸部直至右肩上方，胸前有两个徽章（左边的稍大，右边的稍小），中式领，帽沿上的豹子图案的徽章象征他的权威，右手中的权杖也代表了他永久的权力。左肩上挂有军官带，几乎要垂到腰间。

第六章　婚姻、家庭与性别角色

在刚果，传统婚姻不仅仅是两个人的结合，而是两个家庭之间的联盟。订立婚姻联盟包括将新郎家的一些财产（陪嫁金）转移到新娘的家中。除了这个传统婚姻联盟，殖民过程也带来了基督教的婚姻和官方的婚姻登记。这种联盟导致的家庭之间的结合可以是一夫一妻制（一个男人和一个女人）或一夫多妻（一个男人和两个或两个以上的女人）。无论哪种情况，他们都不会是家庭的全部，而是大家庭的一个分支，因为传统上的家庭的概念就是指大家庭。某一特定大家庭的核心家庭成员处在相互关联的权利和义务关系网中，这种关系网促进了成员之间的团结①。在婚姻中，大家期待刚果妇女成为一名母亲，照顾她的孩子，并与她的丈夫一起服务家庭。刚果女人作为配偶、母亲，照顾子女，服务家庭，受到男人和其他女人的尊重。若丧失这些地位，失去婚姻状态，她的尊严会受到损

---

① 这一节特别借鉴了伦纳德（奇莱玛莱玛）·穆吉："卢巴社团的宗教信仰与社会—家庭结构"，《经济与社会手册5》，《刚果的人种学介绍》（金沙萨，扎伊尔：刚果大学出版社，1966）。

害，特别是那些卷入婚外情的妇女。本章包含三个部分，婚姻、家庭和刚果妇女。

婚　姻

婚姻筹备

传统上，孩子还在孩童时期时，非正式的婚姻筹备就开始了，这种关系在青春期得到强化。曾经，结婚是婚姻制度的核心内容。

长期的婚姻的准备　婚姻的准备工作始于早年，那时孩子们扮演"丈夫和妻子"或"母亲和孩子"。女孩们扮演"妈妈"，把木棒当作孩子抱在肘中或腿上，就像母亲抱着自己的孩子那样。因此，刚果的孩子长到适龄都希望结婚。婚姻的成熟既要生理条件，也要社会条件。生理成熟的标志是青春期发生的身体变化。女孩的青春期表现在第一次月经的出现和乳房和骨盆的发育。对于男孩来说，青春期表现的特征就是长胡须和声音变得深沉。然而，仅仅是身体上的成熟并不符合婚姻的标准。婚姻也需要社会成熟。这取决于一个人是否能够承担其作为父母或夫妻的性别角色和社会责任。生理成熟和社会成熟是相互关联的。在农村，一个年轻人通过建造自己的房子和耕种自己的田地来彰显他婚姻的生理适宜性。在过去，他有时会被要求在未来（可长达两年）为岳父母干这些活。在乌庞其的恩戈巴卡地区就是这样。一个年轻的女人要被认为适合结婚，她必须可以做一个成年女人承担的家务，包括做饭、参加农业活动、取水和收集烧柴。通常，女孩在青春期能承担这些工作。男孩结婚通常要晚一些。有时，恩戈班地区的男青年要到 30 岁才结婚。

当年轻人达到结婚年龄的时候，他们已经知道了可能的婚姻伴侣和那些因血缘关系、习俗差异或特殊情况被排除在考虑之外的人选。因血缘关系密切而不能结婚的人也有，这个范围界限大小不一。许多刚果社区禁止与母亲或父亲的家族的任何成员结婚。例如，在伊图里的鄂马地）区，有相同图腾名称（用于识别特定的氏族）的人不能结婚。其他某些社区可以跨表亲婚姻，即一个男人可以和他姑姑的女儿结婚。那些潜在的婚姻伴侣的表亲在婴儿期就会注意到这种情况。有了这样的长期准备，真正的婚姻来到的时候就已近乎是他们心中那个圆满的结合了。

近婚准备 正因为婚姻对于整个社会来说很重要，所以单凭男女之间的相互同意还不足以使他们成为夫妻。他们的结合必须得到社会的认可才能受到法律上的承认。在刚果传统中，婚姻是新郎家和新娘家庭的联姻。在过去，这两个家庭在整个婚姻的早期就开始接触。父母在双方婚姻前的接触不仅限于心理准备（如上文提及的跨表亲婚姻），家庭名誉和个人性格也受到双方的密切关注，尤其是当这两个家庭生活在不同的村庄、先前互相了解不多的时候。只有问题都得到满意答复，婚姻才会得到准许。这些问题诸如家庭成员是否善待他们的配偶并尊重他们的姻亲。他们还会询问遗传性疾病的情况。部分民族出于对家族名声的关注，还会追问新娘氏族里的女性是否忠于自己的丈夫。新郎家的男人会被仔细审查虐待配偶的情况。

119

男人和女人也要被质疑是否好争吵、是否酗酒或是有偷盗行为。两个家庭的相互调查贯穿整个订婚期。

订婚的过程从新郎家当面向新娘家提出订婚开始直至实际成婚。在此期间，新娘住在新郎家中，为结婚做准备。具体情况也因不同民族而异。在此期间任何一方的负面消息都会阻碍婚姻进程。在这种情况下，即使当事人想继续尝试，婚约也会被取消。通过这样做，社区拒绝为准夫妻可能产生的道德、健康或社会危害承担责任。整个社区的安康凌驾于个人感情之上。

从积极的方面来说，两个家庭的相互调查是为了确保婚姻的稳定和繁荣。每个家庭都关注未来的配偶根据男女既定的分工模式为家庭提供服务和工作的能力。未来的公公婆婆会打量女人的身体，尤其是她的腿，以确保它们足够强壮，能让她履行妻子的职责。在订婚期间，她会被测试与她即将承担的妻子身份相称的实际工作。然而，无论双方的测试的结果有多好，父母通常还会严肃地问两位准新人是否同意他们的婚姻。只有当每个人都公开表示同意时，他们才会转移陪嫁金，标志着两家人家的联合。

有时，为了让女儿嫁得好、让儿子娶豪门女，父母会不经子女同意而操办婚姻。此外，通过父母的安排，比如在恩戈班地地区，一个女孩可以在达到生理成熟之前嫁给一个年长的男人。在这种情况下，要到她月经来潮时，婚姻才算开始。在此之前，新娘将与新郎的母亲住在一起，而新郎的母亲将承担完成抚养的责任。

有时，新郎或新娘会拒绝父母提出的候选人，而坚持他或她自己的选择。长时间待在新郎家里就是为了减少这种不测。然而，父母并不总能成功地说服两个年轻人进入他们提议的婚姻殿堂。有时，孩子们会抛弃对包办婚姻的拒斥，但也有时候他们会坚持，这可能会导致年轻男女与他或她选择的人私奔。这通常让父母别无选择，只能接受这两名恋人在完婚后回家的既成事实。

完婚

陪嫁金 订立婚约包括将新郎家的财富（陪嫁金）转交给新娘的家庭。极少情况下，婚姻的报酬是嫁妆而不是新郎的陪嫁金。嫁妆是由新娘家而不是新郎家提供的。有时，丈夫一生中要多次支付陪嫁金。上刚果伊替比利—恩基里地区的博阿斯人就常常这么做[①]。

陪嫁金或嫁妆通常是以实物形式支付的。实物的价值反映出该地区的财富观。例如，在卡塞的卢巴地区，山羊是一种尊贵的动物。卢巴人把山羊当作陪嫁金支付。在基伍的巴什，拥有许多牛是地位高的标志。于是，他们把用牛当陪嫁金。有些地区的人们特别重视金属加工工具，他们用金属工具支付新娘的陪嫁金。例如，在刚果盆地的可黛地区，新娘的陪嫁金包括一支箭、一把刀和一个铜环。

动物和金属工具经常合在一起支付陪嫁金。例如，恩戈班地地区的新娘陪嫁金中既有金属物品，也有山羊。在上刚果的巴勒塞—科摩地区的部分民族支付的陪嫁金中有铁制品、家畜

———————————

① 万希纳：《刚果的人种学介绍》。

（狩猎狗和鸡）或狩猎工具（如箭）。其他民族在陪嫁金中加入了货币，而不是家养动物或工具。在卡塞的卢巴地区，有一种价值可变的货币随山羊一起构成了新娘的大部分陪嫁金。

签订婚约　婚姻通常在新娘家中敲定。在商定的会议日期之前，有关信息会发送给所有相关方。主人家庭的长者主持会议，其中会有一名是主要发言人。宾客家庭代表团由一位资深的发言人担任。每一方都有一个非家庭成员作为证人。

根据接待家庭的好客习俗，宾客家庭的使者受到欢迎。通常在正式会议之前，他们会享用一顿特别的饭菜。会议在室内或在长者院子里的大树树荫下举行。主人家庭的发言人在会议伊始会让来宾代表团的长者跟大家谈谈他的想法。后者会介绍他的身份、他所代表的家庭和他所代表的氏族以及代表团的其他成员，包括新郎。最后，他会表达他所代表的整个代表团以及留在家乡的更大的家族社区的愿望：希望看到新郎和新娘成为丈夫和妻子，也希望两个家庭通过这对夫妇的婚姻而团结在一起。

这个时候，新娘的家庭发言人告诉新郎的家人代表新娘的陪嫁金的数量和组成。新郎家人代表和他的同伴们把他们随身携带的陪嫁金拿出来请见证人见证。见证人将陪嫁金一件一件地报出来，在宣布总数之后，将其转交给新娘的家庭证人。这个证人大声公开数清新郎的财产并宣布总数。

如果新娘的财富低于被要求的数额，证人也会宣布遗失的数量。新郎的家庭发言人需要就此告诉大会，剩余的陪嫁金打算如何支付。这样的承诺大家普遍接受，因为在现场支付全部的陪嫁金会被视为是炫耀财富而遭到鄙视，还会被认为是将婚

122

姻降格为陌生人之间的商业交易。如果陪嫁金和其他的婚姻条件都满足要求，代表新娘家庭的长者，在触碰陪嫁金之前会问新娘他是否应该接受这些陪嫁金。如果回答是肯定的，他会问新郎是否真的想要接收这段婚姻。通常，他也会问大家：有没有人意识到任何可能危害婚姻的条件。如果没有什么不利于婚姻的条件，新娘的家庭从新郎的家庭证人手中接过新郎的财富。从现在起，新郎和新娘就是夫妻了。为了证实婚姻关系的建立，主人家庭会盛宴款待客人家庭。根据新娘所在社区的习俗，他们会宰杀一只山羊或另一种尊贵的动物。在刚果传统社会中，礼仪上禁止主人食用那些专门为客人准备的食物。人们的期望是客人们会把相当大一部分的肉打包带回家，作为对接待家庭热情好客的证明。

圣礼和婚姻登记　在涉及陪嫁金的婚姻中，比利时殖民者还加入了基督教婚礼和民政婚姻登记。[①] 基督教婚姻是由宗教人士管理的圣事，要经历洗礼。在殖民时期，基督教被强加于刚果人民以迫使他们放弃他们的文化方式，而采用殖民者的方式。

在刚果自由国时期，传教士来到刚果，他们的使命是让刚果人改信基督教，并教导他们尊重殖民者和服从他们的价值观。他们在孤儿和弃儿上做了第一次尝试。这些孤儿的父母被带到美洲做奴隶，或是死于奴隶战争。传教士希望通过这些孩子植入欧洲的家庭模式。这些被称为"国家的孩子"的孩子

---

① 马比卡·卡兰达：《经过了公正性考验的家庭法》（金沙萨，扎伊尔：社会分析实验室，1990）。

们被关在一些新建的基督教传教会里。这些传教士在教会里关着这些孩子，在周边又建立了由各民族构成的、从奴役中解放出来的大人组成的村庄。这些村庄被称为"白人村庄"，分布在波马、卢桑波、马坎扎（亦称新安特卫普）、米卡拉伊和摩巴（波多维尔）地区。这些村庄里的夫妻都是为了反抗非洲习俗而被迫结婚的。男人和女人分别站列，面对面站，中间有一个空旷的空间。这些妇女被要求选择一个男人，然后这些夫妇接受了传教士的洗礼和婚姻。正是因为这种做法，这些社区便得名"基督教村"。

儿童是最早接受西方教育的人群。长大成人后，他们按基督徒的方式结婚。他们成为欧洲殖民统治政府、殖民军队和传福音传教工作中的第一批辅助人员。欧洲人强加过来的家庭模式是基督教的、一夫一妻制的，而且家庭仅限于一对夫妇和他们的孩子，他们的家庭姓氏是一样的。

另一个通过殖民化带给刚果的新事物便是世俗婚姻，由政府授权的官员执行。在殖民时期（1885～1960年），大多数刚果人还无法实行这种婚姻。刚果人并没有享受到世俗婚姻所带来的法律地位。然而，他们必须在民政事务处登记他们的本土或基督教婚姻。因此，一对遵照习俗并在教堂里结婚的夫妇的婚姻需要经历三个步骤：一是传统的婚姻，将陪嫁金从新郎的家庭转移到新娘的家庭；二是由神职人员在教堂主持的基督教圣礼；三是在政府官员面前登记结婚。非基督徒直接从传统婚姻到婚姻登记。

123

家　庭

刚果家庭是一个多维度的实体。一般来说，男女之间因夫妻关系组成的家庭（一夫一妻或一夫多妻），都是大家庭的一个组成部分。

因夫妻关系组成的家庭

住宅类型　在刚果农村的大部分地区，新婚夫妇居住在丈夫父母的社区里，这种做法叫做"男方父母住所"。他们亦可在一个新的地方定居，这通常取决于新郎的选择，这叫做"男方住所"。在某些传统中，夫妇住在妻子的家乡，这种情况叫做"女方住所"。实际的生活安排也各不相同。有时，新娘白天会在丈夫的母亲家里度过，参加所有的妇女活动，只有睡觉的时候才去丈夫家里。然而，通常情况下，丈夫有自己的宅地，供他的妻子或妻子们居住，以便她们每天与姻亲来往。在一些刚果少数民族中，一夫多妻的丈夫（有两个或两个以上妻子的男人）住在一个有几间卧室的房子里。妻子们白天共享生活空间，晚上到不同的卧室休息。还有些民族，每个妻子都有自己的房子。

124 　　在市中心，住宅通常是男人选择的。男人的城市化早于女人。在殖民时期，单身男子被征召到劳动营或行政站工作，其中一些劳动营或行政站后来发展为城镇或城市。多年以后，殖民当局决定稳定非洲劳工，也就是在那时才开始同意刚果男人带上他们的妻子并允许他们在工作营地里有一个家庭。妇女第一次以妻子的身份参与了城镇化。当妻子进城的时候，男人通常已经安排好了住房，所以房子属于她的丈夫。这种情况今天仍在继续，甚至在被称为"自由女性"的未婚成年女性中也是如此。自由女性租用单独的房间或公寓。如果她们付不起房租，她们就和亲戚住在一起，或者和朋友一起共用。自由女性会把她们的爱人带去自己的房间。如果他们的关系变得认真起来，男人通常会把女人移到他的住所，除非他负担不起。

生育的要求　婚姻是每个正常男人或女人的期望。第一段婚姻代表从青年成长为成年。单身成年不但会被视为一种异常，还会被认为是破坏了传宗接代的传统。同样地，婚姻里的生育是一种道德上的必要条件，除非有严重的不利情况妨碍生育。

对生育、照顾孩子以及成功抚养孩子的渴望，至少在某种程度上有助于解释某些婚姻状况。青春期婚姻通常是为了保护年轻人，防止他们娶不到或嫁不出去。一旦发生这种情况，男人常常被迫与那个女人结婚，不管他喜不喜欢。在一些少数民族中（例如，卢巴族），没有结婚的妇女会遭到排挤。一夫多妻被让人有机会拥有更多的孩子。许多妇女在哺乳期间会避免性交，因为她们会全身心关注婴儿的健康。有些妇女在此期间会和她们的父母住在一起。更为传统的女人会鼓励她的丈夫去找第二个妻子。有些原先反对丈夫纳妾的，在这个时候也会选择容忍。为了保证孩子们成长过程中父母双方都不缺位，有必要让一个有孩子的鳏夫与他妻子的姐妹完婚，或是让一个有孩子的寡妇与其丈夫的兄弟完婚。在调和夫妻矛盾时，人们总是以保护孩子的最大利益为导向。双方父母在调和矛盾时发挥主

125 要作用，她们会出于孩子的幸福考虑劝双方在一起。他们可能会主动地采取行动，或者回应任何一方的请求。

生育控制 早婚和一夫多妻制解决了与生育控制有关的两个重要问题：被忽视的孩子和出生间隔不适当的儿童。传统的节育方法侧重于出生间隔。这些措施包括：保持处女之身、禁欲、一夫多妻、性交中断、药用植物、避孕仪式和堕胎。① 这些措施被不同的民族在不同程度上采用。有些地方非婚生孩子不受待见，故需保持婚前的贞洁。卡塞东部的卢巴人就属于这一类。这个习俗曾被忽略。阿特特拉民族也是如此。

最普遍的节育方法是哺乳期的母亲完全戒除性生活。禁欲期通常持续一到两年，但在某些地方可以持续 3 到 4 年。若妇女在分娩后的短时间内再次怀孕，则人们会用唱歌的方式来嘲笑她。若男子被指控试图打破他妻子的禁欲行为，便会遭到公

126 开谴责。和保持贞洁一样，有人尝试射精之前停止性交（性交中断），但也有人拒绝这样的方式。对于卢巴人来说，中断性交被认为是违反道德的。在受孕之前，孩子是作为一种神灵存在的，通常是已故的亲戚。精子是神灵的载体，此刻作为一个灵魂进入母亲的子宫。中断性交导致已经开始的"灵魂进入"过程中断，扼杀了生命。

让妻子和她父母住在一起，直到哺乳期结束，会避免上述尴尬和道德问题。她的母亲也可以来她家里陪她，这样就迫使丈夫在别的房间睡觉。仪式上的禁忌被用来加强禁欲。他们会

---

① 罗纳德·S·威夫：《扎伊尔传统节育方法》，系列 4（探路者基金，1978年 12 月），探究了卡塞和卡唐迦地区各少数民族的传统节育技术。

用一种略带红色的物质和白色的粘土摩擦母亲和婴儿的身体，使其不具吸引力。在哺乳期，母亲，特别是特殊孩子的母亲（双胞胎或一个早产的孩子）会全身心照顾她孩子的需求。她会忽视对自己的关怀，让自己对丈夫失去了吸引力。

有些节育方法具有超自然的内涵。有时，女人会在她的腰上系一条特殊的腰带，或者在她家的角落里养一只蜗牛。还有些家人会聚集在女人的房子里，用特殊的咒语来防止怀孕。还有些人认为女人要会喝铁匠的锻造物和水的混合液。所有这些做法都是为了防止怀孕，导致妇女暂时不育。

127

对于那些没有采取避孕措施或避孕措施失效的人来说，堕胎是最终的选择。堕胎在农村地区并不普遍。只有当意外怀孕威胁到了母亲或婴儿的生命时人们才会用堕胎。现在，堕胎在市区更常见，特别是在未婚成年妇女和学龄青少年中。人工流产是通过吞下一种药液或某些树的树皮来实现的。在城市里，亦可由医务人员来实施手术。

婚姻中的性别角色　刚果农村地区的生产活动和全国各地的家务劳动都会按性别划分。男人狩猎打猎物，女人采集草药、抓取昆虫。男人和女人都捕鱼，但使用不同的材料和技术。男人一般养牛羊，而女人养鸡。在农业上，男人砍树，但男女都或多或少参与耕土、播种。收割主要由女性来完成。房屋建筑通常被认为是男人的事，但女性的贡献也不可忽视。在大多数地区，男人负责建造房屋的架构和屋顶。男人和女人都坎稻草、运稻草，男人负责把它们铺在屋顶上，妇女用泥土糊墙壁。男人也负责建造砖房、从事长途贸易，不论是步行或是骑自行车。男人和女人都乘坐由男人驾驶的卡车。在大多数情况下，女性在市场上做买卖，而男性在工厂、商店或办公室工作。在家里，女人们做饭、打扫房子，男人们负责修理工作。

夫妻相互责任　男人和女人对彼此的幸福负责。在刚果的村庄里，妇女们期待着嫁给能给予她们保障的男人，而丈夫需负责妻子的住所、食物、衣服和医疗保健，甚至帮助他们的父母。除去文化因素，刚果城市中很少有女性能够独立生活。1988 年 8 月 1 日，《家庭法》规定了夫妻有九项共同义务：一起居住、丈夫对妻子的权力以及保护妻子的义务；共同维持家庭；按照各自的方式分担家庭经营费用；一起生活；互相照顾；对彼此忠诚、尊重和爱慕；对妻子来说，有义务跟随丈夫到他居住的地方。夫妻双方都有义务为彼此提供食物。[①]

128　　　大家庭

传统的刚果社区是建立在亲缘和共同血统基础上的。血统决定着延续和传承。从生物学上讲，每个人都来自父母两方的家庭。然而，从社会学上看，根据传统，个人可能只能被归入一个群体。尽管已有血缘关系，刚果的已婚成人男女，都加入了一些亲属关系网络。

血统　在刚果人民中可以确定四种血统和亲属关系：双边关系、父系关系、母系关系和双重关系。在双边关系中，人们

---

① 卡兰达：《经过了公正性考验的家庭法》。刚果传统社会对婚姻和合法生育极其重视，相应地，妓女拥有极其负面的社会印象。然而，尽管卖淫仍未得到许可，但在越来越多的刚果城市中卖淫已作为一种必要的罪恶逐渐得到宽容。今天，越来越多的贫困父母对其女儿的性生活及收入来源睁一只眼闭一只眼，这样的案例呈增长态势。

认可亲属关系，并与来自两边血统的人在亲情上保持联系，因为他或她希望并能做到这一点。因此，活跃亲属群体的大小在同一家族中有所不同。伦达族、蒂奥族和特瓦族都实行双边亲属关系。一个伦达族的人可以选择住在一个特定的大家庭或一群大家庭中。

在父系关系血统中，个体的血统取决于父亲，并被认为是由父亲的前辈建立的群体中的一员。在这些地方，孩子们的血缘关系归属在父亲这边。在父母离异的情况下，孩子会被自动分配给父亲和他的亲戚。在这个制度中，住房也是跟随父亲的：已婚夫妇与丈夫的亲属居住在一起。卡塞的卢巴人认可父系血统，居住在父系的村庄。

无论是一夫一妻制还是一夫多妻制，卢巴族的核心家庭都是不同层次的更大的群体中的一个部分。最直接的血缘是大家庭。卢巴人的大家庭包括七代的亲属，可用特殊的亲属关系术语加以辨别，它们是兄弟姐妹、父母、祖父母、曾祖父母、子女、孙子和曾孙。在每一代人中，表兄弟姐妹都被当作兄弟姐妹对待。

在卢巴大家庭中，同一祖父辈的男性后裔处于核心地位。基于他们父亲在祖父家里的地位，这些人对祖父负责，也互相负责。祖先规定了他们的义务，奖励或惩罚会影响其个人、其子女及其孙辈。从共同祖先延续下来的大家庭，共同共享祖先土地的所有权，形成了下一级血缘层次。祖先土地的公有制是这种共同血统的最重要特征。作为一个合法的卢巴父亲的孩子，他自动享有获得这些土地的资格。住在乌班吉的恩戈班地人是其他许多通过父系追踪血统的少数民族之一。

129

在母系系统中，血统是跟随母亲的。在这个体系中，个体属于共同的女性祖先的后代。下刚果的刚果族就是母系血统。刚果族社会是由部落和宗族组成的，宗族进一步划分为"屋"，屋又细分为家族。[①] 宗族是异族结婚的：他们的成员不允许与同一宗族的人结婚。"屋"是土地保有量单位，由两个或两个以上的家族组成。它负责将土地分配给属于它的家族。家族成员分得等量的土地。个人在分配给家族的土地范围内拥有自己的土地。在这些土地上种植的树木仍然是家族的集体财产。家族也是动产继承的层次，家族成员之间相互继承。

在实行双重血统的情况下，个人从父系血统继承某些功能，从母系血统继承另外一些功能。一些蒙哥民族实行双重血统。他们通过母系继承了贵族头衔和职位。权力从一个男人那边传给了他女儿的儿子。遗产继承和祭奠死者遵循父系模式。

亲属关系网络 除了共同的血缘关系确立的权利和义务，家庭关系中也蕴含着亲属关系。每个已婚人士都处在三种亲属关系网络之中：一是父亲一方的亲戚，二是母亲一方的亲戚，三是与公公婆婆、岳父岳母之间的关系。三重亲属关系的一个共同特征是：把对亲密关系的称呼应用于称呼远亲，甚至称呼一般熟人。最典型的是父亲、母亲和兄弟姐妹的称呼。在特许卢巴语（卡塞地区卢巴人的语言）中，许多人可以被称作父亲：生父、父亲的兄弟或表弟、父亲的姐妹或表哥的丈夫、母亲的姐妹的丈夫，还有父亲那一代的任何一个人。甚至连父亲

---

① 有关刚果的相关信息，参见怀亚特·麦克加菲，"中班图地区的血统结构、婚姻和家庭"，《非洲历史杂志》，24（1983）：173～187。

的妹妹都叫 tatu mukaji （"女爸爸"）。叫做 mamu （"母亲"）的人也很多：生母、父亲的其他妻子、母亲的姐妹或表妹、父亲的兄弟的妻子、母亲的兄弟的妻子。母亲的兄弟或表弟被叫做 manseba （"男母亲"）。任何年龄较大的妇女都被称为"母亲"。母亲很受尊重，从尊重的角度来说，母亲这个称呼甚至可以用在自己的女儿身上（只要她已做母亲），或者女儿已经足够成熟，可以成为一名母亲或已展现出母亲的气质的时候。许多刚果的语言里没有"表亲"一词。表兄弟和同代人的任何亲戚都被用来称呼"兄弟"或"姐妹"。

多个家庭的忠诚 在很多情况下，个人被整合到几个家庭群体中，大家都期望家庭成员能够互相关心。有孩子的已婚男子与他的妻子（或妻子们）、子女、他父母那边的亲戚以及女方的父母有家庭关系并承担义务。一个城市居民，除了他的合法妻子外，若还有一个情妇（和他住在一起女伴），这种关系至少可以间接地涉及到她的父母。这对她的孩子和她以前的社会关系都有影响，特别是如果孩子和母亲住在一起的话。

通过这些各类亲属，一个人与与之相关的个人构成了大家庭。这是一种潜在的亲属关系，其中不乏有些人能形成积极的亲属关系。这些人会是在某些事情上需要经常或深度接触的人。积极的亲属关系对其成员起着重要的作用。通过教学、参与活动、表扬良好的行为和不赞成不好的行为，人与人发生交往。他们通过分享食物和提供免费的招待来满足物质需求。在刚果，政府资助的公共援助并不存在。刚果农村地区没有供旅客居住的旅舍或酒店。亲戚通常是唯一能够对贫困、失业或需要临时住所的旅行者提供支持的人。（城市酒店是为外国人和

131

想要走出传统的刚果人提供的。）亲戚们也为婚姻提供陪嫁金。他们照顾病人和其他丧失能力的人。没有人寿保险，也没有足够的养老金或社会保障，家庭成员和朋友为老年人支付养老金并提供丧葬费用。

并非所有的亲属关系都是基于共同利益的。有些是宗教性质的，也就是说，超自然力量被认为可以调节人类的生活。首先，活跃的大家庭是包含祖先们的，人物祖先们继续以神灵的形式存在并对他们的现世后裔进行规范并与他们分享生活。先祖们祝福顺从的后代，因为他们对彼此的家庭义务履行得很好，同时惩罚那些不履行家庭义务的人。人们通过念咒语、奠酒仪式、献祭和其他形式的崇拜来表达其对先祖干预现世生活的信念。

公共生活和资源共享　在刚果，与来自不同核心家庭的亲戚共享住所十分常见。一个典型的农村宅基地里有几所房子。年轻人通常和同性别的兄弟姐妹一起睡在兄弟或叔叔家。城市居民过去常常把孩子送到村子里，与祖父母、叔伯和婶婶一起生活。这有助于孩子们了解他们的亲戚，了解家庭的历史和家规。几乎所有的城市居民都会遇到亲戚（包括姻亲）来城里，他们都是为了寻找更好的教育、就业、商业或医疗服务的机会才来到城市里的。城里人希望他们的亲戚客人能独立，并搬去自己的住处。然而，由于缺少就业机会和负担得起的住房，他们很可能就长期住在亲戚家里了。很多人住在过于拥挤的房子里。这种情况下，供养许多亲戚的负担非常沉重。有些人会从事一些临时工、做些小额贸易，这都很常见。妇女也从事卖淫，这对许多人来说是无疑是家庭的耻辱。

刚果妇女

132

母亲

根据祖祖辈辈的传统，在刚果出生和长大的刚果妇女的首要职责就是成为一名母亲。照顾和供养子女是她作为母亲的责任，在她心中高过其他一切。

梦想成为母亲　大多数刚果女孩都梦想结婚生子。男孩和女孩通过扮演丈夫和妻子来预演他们未来的角色。经历成人仪式，青少年从儿童变为成人，也就到了结婚和为人父母的年龄。人们认为一个人若是在青春期后的很长一段时间里单身是不幸的，对于年轻女性尤甚。刚果妇女在婚姻和母性中找到尊严和成就感。男人的性能力和女性的生育能力是婚姻的主要考虑因素。不论是否赞成婚前性行为，各民族都关心青年人未来能否成为合格的父母。赞成婚前性行为的民族认为婚前性行为是一种学习和操练，有助于在婚姻中表现更好。而反对者认为这是一种可能危及生育和婚姻稳定的习惯或有疾病的风险。完婚的那个晚上，大人们会在新婚夫妇家里监视他们，以确保小伙子履行了他的职责。第二天清晨，新郎的母亲和其他妇女们会欢呼雀跃，庆祝其前一晚取得成功。如果婚后几个月妻子没有怀孕，每个人都会开始担心男人的阳刚之气和女人的生育能力。两人要反思卧室里到底发生了什么事情，并采取适当的措施来纠正这种情况。

幼儿护理　刚果母亲最重要的职责就是照顾婴儿。在农村地区，妇女在怀孕前就开始照顾孩子的工作，她会避免可能危及自己怀孕和优生优育的行为。据信，孩子们是回家的亡灵。在某些村庄里，一个想要怀孕的女人会和婴儿和小孩交朋友，希望他们的灵魂能说服一些以前的玩伴来选择她作为母亲。在怀孕的最后几个月里，传统的卢巴女人会暂时禁欲，停止夫妻生活，因为她相信精子会损害胎儿的视力。

在生完孩子后，刚果女人会全身心投入孩子的护理。白天大部分时间里她都会把孩子抱在怀里，整夜她都会让宝宝睡在她胸口旁。每当她感到婴儿需要营养时，她就会给食。她吃很多木薯叶和其他新鲜的绿色蔬菜来增加她乳房里的乳汁。当她每天早上醒来的时候，她也会叫醒她的孩子。她坐在垫子上或床上，双腿伸展，把婴儿放在膝盖上，给婴儿按捏，伸展四肢和手臂。然后她把婴儿带到外面，或者到前面的阳台上洗澡。

传统上，洗澡是在一种粘土浴缸中进行的，缸里有树叶、树根或植物的藤本，据说这些植物能增强体质。母亲俯身站立，微微向前，婴儿坐在她的脚上。首先，她用右手从缸里取出一些水给孩子喝。给婴儿洗澡时，她会特别注意婴儿的眼睛、鼻子和耳朵。最后，她会对婴儿的耳朵吹气，以清除洗浴时进入耳朵的水。她会把婴儿擦干，用一些膏状油擦在婴儿身上以保持皮肤光滑。她会用母乳喂养婴儿，然后把婴儿交给保姆照顾。

母亲会持续关注孩子的健康。如果她生育的孩子比较特殊，比如双胞胎或早产儿，她就会遵守一些禁忌以确保孩子们能活下来且足够强壮。她会用右手的背部触摸婴儿的身体来查看婴儿的体温变化。她会查看婴儿的口腔和耳朵，看看有无感染。她会观察婴儿粪便的颜色和稠度。她用手按压婴儿的胃以判断是否有便秘。她会检查婴儿眼睛的颜色。如果她以前有过孩子，她就知道一些治疗儿童一般性疾病的草药。如果她或她丈夫或药师带来一些药物或叶子，她就能成为管理、监测治疗进程的人。

成年妇女和女孩承担家务劳动。早上，照料了孩子之后，刚果母亲会清扫她的房子和周围的院子。她会告诉保姆在她不在的时候如何照顾孩子，然后离开去田里干活。在回家之前，她经过河边的时候会洗个澡，然后到泉水边去给家里取水。回到家里，她再次给婴儿喂奶，然后做午餐。男人和女人吃饭的时候是分开的。她先为男人上饭，之后再为女人上饭。孩子们和他们同性别的成年人一起吃，除非孩子还太小。婴儿和母亲一起吃，母亲在自己吃之前或在自己吃的时候给婴儿给食。

饭后，刚果母亲会在她家阳台上休息，或者在附近的树荫下休息。通常，她只有很少的时间休息，因为不久她就必须准备做晚饭了。休息的时候，她也得看着在芦苇垫子上晒着的木薯片，以免山羊靠近。她也可能需要保护干燥的豆子或花生免遭鸡偷食。晚餐的准备工作可能包括碾碎玉米或木薯粉，还有筛面粉。此外，可能还需要采摘和清洗木薯叶或其他新鲜蔬菜。木薯叶在烹饪前必须浸泡在砂浆中。在准备食物或做饭的时候，她可能也在给婴儿喂奶。当烹饪完成时，她又会为男人和女人上饭菜。晚餐结束，她会再用母乳喂养婴儿，之后再把婴儿放到床上。如果没有别的女人来帮忙，她可能还得去帮大小孩洗澡。

在村子里，在晚餐后、就寝前，大人和孩子们会围在篝火

134

旁，大人们用动物故事、谜语和家庭历史来给孩子们带来娱乐和教育。所有年龄的孩子都会参加。通常，年纪小的人睡得很早。母亲会带小孩去床上，除非她有一个年纪稍大的女儿来帮她。一般来说，只有在把别人都服侍好后，刚果母亲才会休息。即使这样，她还是会彻夜料理婴儿。

刚果家庭中的母亲一直承担着家庭主妇的角色。她用母乳喂养她的婴儿。如果她能负担得起，她会试着用罐装食品来作为母乳的补充，或者把成人食品用酱汁或其他方式软化后，用作母乳的补充来源。她和她的婴儿睡在一起，让婴儿靠近她的胸部，或者把婴儿放在婴儿床上，靠在她的床边，前提是她能买得起床。她会在浴缸里给婴儿洗澡，而不是在粘土罐里。她会从市场上买食物，而不是从家庭田地里收获食物。如果她够幸运，能雇一个女佣人，她还得监督佣人的工作。如果孩子生病了，佣人就会通知她，把孩子带到诊所或其他地方去治病。

收入来源 刚果母亲不但料理家庭最多，她还是一个主要的收入提供者。虽然男人被认为是家庭主要的收入提供者，但妇女仍然在为家庭提供必需品方面起着至关重要的作用。尽管不同地区主要的经济活动不尽相同，但妇女在其中的参与度都是相当大的。在许多方面，人们甚至认为女性的贡献比男性更大。如在乌班吉地区，当地人在森林里进行农业种植，男人砍树、耕土；妇女播种、除草、制衣、收割。捕鱼是这个地区重要的生产活动，而麻醉钓鱼法是该地区最重要的捕鱼形式。男人们通过建造水坝来控制上游的水；妇女们在下游的水中散发麻药，捕捉浮在水上的鱼。在维莱地区，在赞德人统治者的土地上，当地人的财富和声望主要是通过他们的妻子和客户来获

135

取的。木布迪地区女性的主要活动是集会，他们通过这种方式
获得了 70% 的食物。在刚果盆地，蒙戈男人在农业生产过程
中仅参与清理土地。

女性承担了其他所有工作。在马尼马州的利嘎人及其他民
族也存在类似情况。在下卡塞，由于已婚男人数量稀少，利勒
女性只能独自承担大量的农活。利勒男性只有在达到成熟年纪
才参加农业活动，这个年纪也是婚姻的年纪。然而，由于普遍
的一夫多妻制，婚姻普遍被推迟。因此，大多数男性在三十岁
之前一直单身，而女性则不得不承担大部分的农活。

大多数在比利时殖民时期移民到城市的刚果妇女都是以家
庭主妇的身份与其打工的丈夫团聚的。当时，已婚的工人得到
了一些家庭津贴。有孩子的家庭获得的补贴要高一些，这取决
于孩子的数量。尽管如此，工人们的收入一般来说还是太少
了，无法满足他们从发薪日到下一个发薪日的生存需求。工人
们制定了各种经济生存策略。一种很常见的策略是将家庭收入
分成两部分：一种是购买必需品，用于直接消费，另一种是购
买能快速出售的商品。理想情况下，投资于第一笔交易的小额
资金将继续增长。经常买卖带来的额外收入能满足日常需要。
这种副业若只涉及买卖，就全由妻子完成。

副业涉及批量购买食品，并以散量转售。一袋面粉被分成
小包装或装在小碗里出售。处理食物是女人的工作。工人的妻
子们养成了零售本地农产品的习惯，比如木薯、玉米、豆类和
从邻近村庄买来的新鲜蔬菜。在刚果人的社区里，她们还将从
葡萄牙、希腊或犹太商人那里进口的商品如糖、盐、奶粉或鱼
类等商品转售出去，这些商品的商店位于欧洲人社区的旁边，

面向非洲社区。随着时间的推移，城市妇女的赚钱能力越来越强。独立后，随着工资和薪水的减少，男性和女性的工作机会越来越少，从事副业变成了一种迫不得已的谋生手段。

靠工资为生的工人

在比利时殖民时期，妇女的有偿工作很少。在大多数情况下，她们仅从事家务管理和作物种植和收割。这些工作是临时性的或季节性的。随着妇女教育的慢慢普及，妇女从业范围渐渐扩大，长期工种也越来越多。① 渐渐地，妇女成为了接生婆、助产士、小学教师和护士。这些工作的收入属于在这些行业从业的妇女，并且大家也不会期待她们对家庭开支做出贡献。丈夫的责任是购买食物并支付维持家庭所需的开支。妇女从业是为了帮助自己的父母。家长们期望得到这种帮助。受教育程度越高的女性，父母对她们的培养和教育投入也越多，对她们给予的补偿期待就越高。独立后，妇女的受教育机会增多。越来越多的男人开始接受他们的妻子离家在外工作，并接收另一个男人的领导。不断增加的生活成本和他们自己收入的不足，迫使一些丈夫改变了他们的心态。女性也希望从丈夫那里获得更多经济独立。这些变化加速了全社会对于妇女参与劳动力市场的接受。

私营部门和公共部门有不同的工资标准。在这两个领域，男女同工同酬。获得工作后，男性和女性都会得一份奖金。私

---

① 关于刚果城市女性的经典著作是苏珊娜·龚希—希尔万的《金沙萨的女性：昨天和今天》。

营部门雇员签订集体协议，这是公共部门雇员难以获得的。因此，私营部门的工人，特别是较高水平的工人，比公共部门的工人工资要高。他们享受到更好的福利，比如年终奖金、孩子的学费、生活费津贴和带薪假期。这些好处超过了公共部门雇员的家庭津贴和住房津贴。

在这两个部门的已婚妇女，除了少数已经达到管理层的妇女外，都没有家庭津贴或住房津贴。根据法律，这些福利是分配给男性的，因为原先男性在外工作，女性在家持家，法律目前还停滞在那个时期。人们认为已婚妇女的有偿工作是对丈夫收入的补充。在同样的逻辑下，在同等级别，已婚妇女比男性缴纳更高比例的税。在这些方面，已婚妇女甚至还不如不结婚的妇女。后者能因她的孩子享受家庭津贴，并以她自己的名义享受医疗津贴。

就和独立前一样，妇女从事带薪工作的收入仍然被认为是对丈夫收入的补充。丈夫的收入能满足家庭需求的情况下，人们就认为女性没必要在外为雇主工作。她们外出工作只是为了能够为自己采购一些奢侈品或给她们的父母一些经济支持。有时，比如生日，她们会给丈夫和孩子买礼物。她们认为这是善意的举动，而不是对家庭的义务。对于一个丈夫没有赚到足够的钱来维持家庭的女人来说，找到一份有报酬的工作是十分必要的。有时，家庭开支需求如此之大，以至于她会外出就业以获得报酬，即使她的工作报酬低到和在家没啥差别。例如，在20世纪70年代和80年代初，学校将学生缴纳的注册费来补贴自己员工的子女。还有时，员工可以从自己公司的商店购买打折商品。带薪工作也给员工提供了加入公司员工互助协会的

139

可能性。在这些协会中，成员定期为会员募捐。一轮结束，一轮又起。对许多妇女来说，成为某一轮的受益人是她们唯一能负担得起的买衣服的机会，她们还可以和丈夫一起购买一些家用电器，或者为孩子支付学费和学习资料。互助协会增强了女员工的团结精神，这种精神在家庭遭遇不幸时（如死亡）愈发体现出它的力量。

在刚果的城市里，就像在村庄里一样，许多人生活在家庭之中。例如，20 世纪 80 年代在金沙萨进行的一项研究报告称，在受调查的 150 户家庭中，有 1 131 人居住，平均每个家庭有 7.6 人。这个数字包括 886 名儿童（78%）和 245 名成年人（22%）。在 886 名受抚养的孩子中，441 名来自户主家庭，另有 445 名不是，也就是说，几乎各半。大量的受抚养人给女人增加了额外的负担，迫使她想办法增加家庭收入。①

单身女人

在刚果，单身是城市里的现象。现代的刚果城市都远离传统，它们是殖民地当局选了一些地方并把它们变为行政单位、港口或矿区的。一开始，只有招募来的刚果劳力才在这些地方暂时工作一段时间。劳动结束后，这些人就被遣散回村里，新的劳工接踵而至。在这些"移居中心"的生活非常艰难，因为缺少住宿和稳定的食物供应。渐渐地，随着越来越多的常住民居的出现，城市人口变得稳定起来。男人开始把妻子带到城

① 木阿迪·木安巴：《金沙萨女性家务消费比例》（论文，工会研究高等学院，金沙萨，1983）。

市，但对许多人来说，这仍然是一个很难实现的目标。他们的工资太低，无法维持家庭，更不用说为婚姻准备必要的陪嫁金了。他们仍然依靠留在农村的父母，为新娘筹备陪嫁金。现在，在许多农村地区，父母自己依靠干农活取得的收入已经无力为儿子"购买"老婆了。他们不得不从事各种苦役，被迫以低于最低成本价出售庄稼。在一些地区，父母必须等到女儿结婚获取陪嫁金后才能为儿子娶妻。

因此，刚果城市发展阶段，妇女并不多。随着时间的推移，来自周边地区的妇女和来自道路或水路运输相对容易的地区的妇女开始在城市里大量聚集，其中不乏有些人是为了逃离村庄的艰苦生活。然而，妇女仍然是不多的。面对千姿百态的都市生活，借助妓院和临时出租房的优势，一些女性选择了享乐和短暂的爱情。她们中的一些人，还有一部分城里出生的青少年（包括被父母赶出家门的人），成为非婚生子女的母亲。还有些妇女在离婚后也加入了单身行列。

刚果独立后（1960 年 6 月 30 日）取消了对城市移民的限制。更多的男女涌入城市。然而，单身妇女的地位仍在下降。事实上，尽管有些人的动机纯粹是想一个人生活，但"自由女性"在刚果社会中并没有很受待见。单身女性参加临时性爱联盟会被认为道德低下。刚果语用"ndumba"来称呼妓女和自由妇女，因为这两种人都是社会上不能接受的。

即便在富足时期，妓女也生活在社会边缘。最主要的是，她们的生活非常不稳定。经常会出现的情况是，妓女们通过加入互助协会、形成搭伙关系一同烹饪和饮食、定期为团体成员提供出租车费用等形式应对那些没有在酒吧或夜店招揽到客户的夜晚。人们普遍认为妓女营养不良，她们每天购买少量食物为生。相反，她们花了太多钱购买衣服和美容。

　　妓女有时会遭受性病的折磨，这也是很羞耻的。如果她们性病检测呈阳性，她们就不得不接受定期的医疗评估，并携带一张有预约记录、测试结果和治疗情况的卡片。金钱压力使得许多人无法定期赴约治疗。她们害怕检测结果会呈阳性，因为如果呈阳性，她们在治疗期间就会流失客户，这意味着她们将失去全部收入来源。结果是她们成为性传播疾病的永久宿主和携带者。1971 年，在卢本巴希生活的、应该接受必要医学检查的50 783名妓女中，只有9089 人（18％）有幸接受过检查。在这9 089人中，有1 471人（16％）是某些性传播疾病的携带者。绝大多数人（7 618人（84％））的检测结果为阴性。①

---

①　恩曾齐—阿马罗：《卢本巴希次区域的单身女性》（论文，扎伊尔国立大学，卢本巴希，1974）。

第七章　社会习俗与生活方式

日常谋生和庆典仪式是人类生活的两个方面。大多数刚果人生活在农村地区，靠农业、采摘、狩猎和捕鱼为生。这些活动是季节性的。自然现象（生态环境和大气变化）造就了这些活动的本性、节奏和生产力。人们或是独自进行生产活动，或是团队协作进行生产活动。如果说农村生活的特点是采摘，那么在城市中，贸易则是维持生活的最主要的方式。与大多数城市居民的关系尤其密切的是在非正规市场上进行的买卖。在非正规市场上，官方法规遭到无视。

除日常活动外，生活中还有一些特殊的事件会不断出现，生活质量也会因此提高。特别的仪式包括出生、青春期和死亡。这些活动也是为个人在生命周期的下一个阶段做好准备。除了这些传统仪式上，殖民者还带来了洗礼、毕业典礼和基督教婚礼，也带来了新的节日，如复活节、圣诞节和新年。此外，还有一些国际性的庆祝活动，比如劳动节，或者像烈士节和独立日这样的全国性节日。

本章讨论了谋生的三种方式：（1）遵循自然日历；（2）独立工作和团队合作的结合；（3）在非正式经济体系中的交易。

这一章还回顾了出生、青春期和死亡等生命周期事件以及宗教和公民庆祝活动。

谋 生

居住在农村地区的人们根据自然现象、生态或大气的节奏来进行他们的生产活动。他们在农业、打猎和捕鱼等方面将自己的独立生产与团队的协作策略相结合，以实现农业生产的发展。城市居民转而在非正规经济体系中进行交易，以谋生或获得经济上的繁荣。

自然日历

农业活动和相关的谋生活动因月份和季节的变化而变化。月份的名称反映了生产活动和大气状况的变化。卢巴人的农业日历就反映了这个现象。

卢巴农业日历　卢巴人有一个 12 个月的日历①，每个月的名字让人联想起该地区的生产活动以及与之相关的自然现象。在欧洲人到来之前，没有人知道他们的日历上哪个月是第一个月。九月可能是第一个月，因为许多重要的事件都发生在 9 月。

卢巴社会的主要农业季节从 9 月一直延续到 12 月。这与雨季的前半期正好吻合。8 月底、9 月初开始降雨。一年中的

---

① 约瑟夫 D. 卡唐迦—什腾戈：《巴鲁巴人的大教育时代》（金沙萨，扎伊尔：因普雷国出版社，1968），82～85。

这个时节被称为 mvul'a di，是 mvula wa di（"第一次降雨"）这个词组的缩合形式。在卢巴人的生活中，9 月比 8 月更重要，因为他们的生产活动在经历了从 5 月到 8 月的旱季之后开始恢复。另外，有种叫作恩通郭罗的昆虫开始复苏、鸣叫。这个月的名称还有一种叫法正好是这种昆虫的名字和它们发出的声音——姆迪拉·恩通郭罗。年轻人到荒野去抓恩通郭罗。食用毛毛虫也回来了，蘑菇也长出来了。9 月除了享受大自然带来的丰裕，人们还自己种植玉米和花生。玉米在卢巴饮食中占有很大比重。

　　10 月、11 月和 12 月以两种带翼的蚂蚁命名。一种是白色的蚂蚁，叫作比腾达或彬屯图，另一种是棕色的蚂蚁，叫作恩斯瓦。这两种蚂蚁都是可食用的美食。10 月被称为卡比腾达（Kabitenda）或卡斯瓦·比腾达，因为在这个月，白色的蚂蚁会爬出他们的土堆。11 月，少量的棕色蚂蚁开始出现。这个月被叫作卡斯瓦·邦嘎，它在上下文中的意思是"在这里和那里可以看到的小昆虫"。12 月被叫作什斯瓦·穆聂聂（"大而丰满的棕色蚂蚁"），因为棕色的蚂蚁恩斯瓦成群结队、蜂拥而至。棕色蚂蚁比色白蚂蚁更多产，商业化程度也更高。棕色的蚂蚁在卢巴人的生活中是如此重要，所以棕色成为了卢巴人的代名词。棕色的物品和棕色皮肤的人被描述为"mubidi wa luswa"，意思是卢斯瓦的颜色。

　　1 月又热又干。它被称为"Tshiongo wa Minanga"，意思是"干旱的月份"。1 月份的干旱让人们想起了从 5 月到 8 月漫长的旱季。当地人也称 1 月为卡希普什普，或者是"小旱季"。1 月，玉米和花生丰收并用阳光晒干。

145

2月、3月和4月要从事第二期玉米生产。玉米是在2月种植的。然而，一旦种下，谷物就很容易在当月就受到虫害的侵袭。所以，2月被称为卢什，是由图伊什（一种昆虫名）这个词派生出来的。2月之后是3月，被称为卢蒙古鲁。在这个月，人们仍然在耕种。4月是除草的月份。男人、女人和小孩都被动员起来，因为工作量很大，他们需要很多人手来完成除草工作。农夫/父亲有责任给每个人一把锄头（最重要的农具）。所以，4月被称为卢阿班亚—恩卡苏，意思是"分发锄头的人"。

4月全民动员的另一个原因是可以让丈夫/父亲得以解放。以便之后他可以在5月将时间花在清理河堤上，以种植旱季的玉米。旱季从5月开始，大草原上什么也种不出。庄稼的唯一水源就是河岸上的水。这时，锄头就显得无助了，沿河岸的种植工作得用大砍刀才行，所以在这段时间里锄头被丢弃了，于是人们把5月称作什桑嘎·恩卡苏，意思是组装锄头。

6月、7月和8月是几个月的旱季，也是个寒冷的时节。6月，寒冷的天气和干旱才刚刚开始。这个月被称为伊斯卡什普肯扎，意思是第一股干燥的寒流。7月，寒冷的天气和干旱愈演愈烈。生命凋零，河水干涸。树木落光了所有的叶子，但是天空中还时常能看见云。8月，冷空气渐弱，云层越来越厚，也越来越多。这个月的月末标志着雨季的开始，生命开始复苏。7月被称作什本古·姆卢梅，而8月被叫作什本古·姆卡基。在这两个月的名字中，姆卢梅和姆卡基分别是"男性"和"女性"的意思。在卢巴语中，男性和女性经常被用来代表强和弱，有反义的意味。什本古可能来自于马本齐（mabungi,

"云"）这个词。如果真是这样，那么什本古·姆卢梅（7月）
就意味着"严寒多云的月份"，而什本古·姆卡基（8月）意
味着"微凉多云的月份"。

独立生产和团队协作

和其他生存活动一样，在农业中既有独立生产，也有集体
劳作。独立生产反映了在刚果人民的普遍的一种自助精神。集
体协作提高了短期生产力，培养了集体精神和共享精神。核心
家庭，无论是单妻制（一个妻子）还是多妻制（许多妻子），
都是集体生产中最广泛的单位。无子女的寡妇和丧偶的父母
（他们的子女已成年）则需独自工作。准备结婚的年轻人可能
也有各自的田地。大家庭更像是个消费单位，而不是生产
单位。①

另外两种形式的农业集体生产是建立在友谊和良好的邻里
关系基础上的。一种是临时的，另一种是长期的。在临时的情
况下，一个想要快速清理土地、耕种田地或除草的农民，最好
是在晚上拜访一下他的朋友、熟人和亲戚，邀请他们在指定的
日子里给予他帮助。工作结束后，他会给他们端上一顿美味的
美食恩什马（一种卢巴淀粉主食），配上肉或鱼，配上当地的
啤酒。在许多社区里，收割作物和用湿泥来粉刷墙壁是妇女的
职责。当她们需要几个助手来干活时，她们邀请其他妇女而不
是男士参加聚会。

---

① 这部分内容摘自作者的亲身经历，这段经历使得作者有机会熟悉卢巴文
化。

　　一个更为固定的集体工作形式被称作为什库丁巴，字面意思是"像一只鸽子"。这就暗示了鸽子的习惯是绕圈飞行，头向下弯曲，发出的声音和唱歌和跳舞很相似。什库丁巴的成员在每周选定一天轮流在土地上工作一次。每个工作小组都会受邀到受益人的家里做客。在刚果的许多地方，这种做法已转移到城市，在城市里他们继续沿用这样的方法。不同的是，城市居民贡献的是钱，而不是劳动力，他们轮流从资金池里取钱。

　　第三种方法是建立一个生产者的合作社。这里的农田和庄稼属于集体所有。他们根据预先设定的公平标准来分享产品。

　　独立劳动和集体协作的工作方法也体现在狩猎活动中。猎人知道各种猎物的位置，这要归功于他对动物习性和栖息地的了解。他会发现它们的声音和脚印，熟悉它们的足迹和被动物破坏了的植物或农作物。独立劳作一般用于陷阱捕猎。有时，陷阱是在某一特定猎物的习惯性路径上挖出来的一个坑，上面覆盖着目标猎物喜欢的草，或者是该地区常见的植物。有时在坑里插一根长矛。通常，猎人会藏在坑的附近，准备用火药枪、长矛或标枪来解决落进坑里的动物。

　　在一些地区，用火来打猎是很常见的。他们是这样狩猎的，人们在一个怀疑有猎物的广大区域周围点燃火，然后他们躲在火后面行动，捡起被火焰或烟雾杀死的小猎物。对于试图从灼热的草丛中逃跑的大型猎物，猎人都准备好了长矛或弓箭。当男人在围捕大型猎物的时候，女人和孩子们会在远处，捡起被火杀死的啮齿动物，挖出那些躲在洞里或土堆里的动物。大火吞噬了整个包围区，大型猎物被撂倒，此时男人们就会加入女人和孩子们之中，去捡起小鸟和小动物。

147

刚果人也进行追捕和围捕。他们通常会单独地跟踪猎物，随后用枪射击。围捕是一群人一起进行。一开始，他们用皮带拴住狗，跟随着猎物的气味，狗会带着各自的主人前行。一旦他们看到猎物，猎人就会释放狗拴，人和狗一起开始追捕猎物。因为狗比人跑得快，所以它们会在腰上系上铃铛，这样猎人就可以随时识别它们的位置和方向。

集体捕猎也适用于啮齿动物。一开始，先要确定啮齿动物的踪迹，并尽可能追踪到它们的洞穴。然后，在啮齿动物回巢穴的路径上，布下一个网做的锥形陷阱。当猎人意识到这些动物远离他们洞穴的时候，捕猎活动即开始。狩猎队排成一行，从动物后面的一个位置发出响声，用棍棒击打浓密的草地和灌木，目的是把动物吓到，并把它引入陷阱，因为它会试图冲回它的洞穴。一旦落入陷阱，被困的猎物就没有什么空间可以四处走动，也无法转身离开。不久之后，狩猎队的成员就会过来并将其杀死。

还有最后一种狩猎啮齿动物的方式也值得一提——挖掘动物栖息的土丘，这是点火烧草后的清理行动。猎人们通常集体协作，涉及三种合作。首先，想要在一个合适的时间段里挖掘完毕，对个人来说工作量太大，所以挖掘工作通常是团队作业。其次，啮齿动物的洞穴有几个不同的出口，朝向不同，距离土丘的距离也不同。当一些人在挖的时候，其他团队成员需要在不同的潜在出口处保持警惕。最后，在挖掘工作的最后，当洞穴被打开时，他们需要几个人在动物逃跑之前将它们杀死。

捕鱼　刚果人捕鱼方式不尽相同，有独立作业也有集体协

148

作。他们大部分时间都在独自钓鱼。一般来说，在人工驾驶的独木舟上钓鱼需要至少两个人的合作，这样一个人就可以控制独木舟，而另一个人则忙着应对沉重的鱼。在高水域用渔网捕鱼则需要更多的人，因为捕捞量可能会更大，倾覆的风险也更大。在上刚果瓦格尼亚地区基桑贾尼人将他们的合作捕鱼方法推广到渔网生产和修理。他们搭建脚手架，这样就可以同时在不同层面的脚手架上对渔网进行制作和修理了。

妇女所从事的一种特有的捕鱼方式也是集体协作的。旱季正中时节，溪流水位降至最低。女人们在小溪上筑坝，用一种叫做巴巴乌的物质（是用某种野生树叶做成的）使鱼中毒。鱼一旦浮上水面，就将它捉住。在水坝下游，妇女们还在水面上搭起了用木头和石头搭建的临时围栏，用木碗把它们围起来，捕捉搁浅的鱼。

非正式经济交易

关于刚果的经济报告通常包括对非正式经济或非正规部门的章节或评论。[①] 非正式经济交易这一概念指的是所有人都意识到的、公开违反官方规定的各种定期的经济交易。尽管非正式交易规模确实很大，但在很大程度上，非正式的经济部门很

---

① 关于该主题，金沙萨大学的研究人员发表了一些研究成果，例如，汤姆·德·厄德特和史蒂芬·马利斯，《扎伊尔的非正规经济：转变时期的生活（或幸存）与贫困》（布鲁塞尔：非洲—CEDAF学院，1966）（布鲁塞尔：非洲-CEDAF研究所，1996），以及 V. O. 厄冈嘎："非正式区域：思想的全球化及其在扎伊尔经济中的分量"，《经济形势笔记》（1995年4月~5月）：8~12。

多还是生活在边缘地带，被戏称为"自我保护"，或者"第15条"①。在市场上推销、技艺活动和销售是属于这一类的。

兜售　在城市中心，刚果人所从事的第一种独立活动就是兜售或小额交易。在殖民时期，城市移民受到控制。刚果人作为临时合同工人进入了现代市场经济，在合同结束时又被送回了村子。在合同中，工人们依靠邻近的村庄来获取食物。这其中有几种操作方式。他们自己走到村子里去，或者村民们把食物带到营地。一些人与附近村庄里的家庭建立了友好关系，允许他们先吃饭，待发工资的日子到来时再支付饭费。

在所有这些做法中，来自周边村庄的小贩兜售的食品是在刚果城市发展的最初几年里最成功的。起初，欧洲人对村民们带来的许多产品感兴趣：新鲜的玉米、红薯、水果、蔬菜、鲜鱼和野味。欧洲人允许村民在欧洲街区兜售，这些街区除了家政工人外，其他非洲人是无法进入的。小贩们挨家挨户地推销他们所携带的农产品。感兴趣的买家会从房子里出来叫住卖家，购买他或她想要的东西。随着时间的推移和交通的改善，欧洲人获得进口商品变得更为容易，并开发了很多方式为自己提供本地产品。然后，他们向殖民地政府施压，要求他们在自己的社区里减少兜售行为。政府于是禁止了商贩在欧洲社区兜售任何东西，除了一些新鲜水果外。

①　"隐匿性失业"这样的表达法也用于刚果人从事的微不足道的小商业。"第15条"这个口号在短命王朝"南卡塞联邦国"（1960～1963）中家喻户晓。在该国宪法总则中规定的国家对公民的责任中共有14条条款。公民诉求无法在宪法中得到满足的，就被鼓励使用"第15条"，意思是依靠他们自己的资源来解决他们自己的问题，而不是有赖于政府。

　　由于政府的规定，非洲人聚居区里的小贩推销也减少了，同时也倾向于在市场和家里做销售。兜售的产品包括木薯、玉米和豆类等基本食品。在这些产品稀缺的时候，工人的妻子们会外出，去兜售食物的小贩途径的路上守株待兔。就这样，一些地方也成为了市场。鹏加布市场和恩基里—恩基里市场就是这样发展起来的。为促进住宅区商业的发展，政府出台了另一项规定：要求刚果人携带劳动手册或临时失业证。为了避免警察找麻烦，没有证件的人学会了尽可能多地在他们自己的社区里做事情。那些有卖品的人会把商品放在椅子上、凳子上、桌子上或者垫子上，放在院子里的某个地方以便人们可以从街上看到。渐渐地，越来越多的个体户在他们的院子里建了一个木棚。就此，小卖部的概念诞生了。他们还在街边（特别是在公交车站和酒吧前）卖面包、花生、香烟、香蕉、饼干和火柴。总的来说，这些商业活动都属小本经营，若要对他们征税也是毫无益处。

　　手工艺活动　　刚果的手工艺活动是另一种典型的非正式活动。它们通常是未注册的，不受任何特定地点、生产或商业化标准的影响。所涉及的工种包括鞋修工、水管工、摄影师、机械修理工和木匠等。这些活动没什么影响力，因为地点、人员和设备的质量差、规模小。通常的运作模式是由业主和六个左右的学徒一起在一、两个小租间里工作。他们的设备都是些基本、原始的工具。

　　他们的销量和有效供给也很少。工匠都是成年人，都在类似的雇主门下干过活。学徒是年轻的成年毕业生。年轻男孩和成年男子也在大街上做着擦鞋工。最近几年，越来越多的年轻

150

的辍学者加入了这些个小个体经营者的行列。美发师亦属于这个类别。他们在大街上为人做头发，从路过的妇女那里招揽他们的客户。裁缝也是一种生意。在城市的某些地方，年轻的男孩主导了裁缝行业，他们也是学校的辍学生。

在市场上销售 在市场上销售也属于非正规经济部门的活动。商贩做生意时经常无视官方规则，其中绝大多数商贩的规模也是很小。在市场上讨价还价是一种典型的旧式非正式运作。在当前的长期经济危机之前，刚果的城市经常出现粮食短缺和价格哄抬的现象。为了控制这些问题，政府定期设定价格上限，但不幸的是，没人理会这些价格。此外，刚果商人通常使用非标准化的测量方法，如堆、包或带有凹底的罐子。这些度量上的不精确经常导致顾客在消费之后有种被欺骗的感觉。为了保护消费者，政府制定了诸如千克、米、升等标准度量单位，然而，这些官方度量单位也从没有人执行。

缺乏有效的价格上限和标准化度量，倒是有利于讨价还价，这符合非洲的传统。每个人都在市场上讨价还价，所以在刚果，商品价格可能不会被标记出来。当价格被标记时，开价总会高于卖方期待的价格。实际上，除了一些不知情的外国人，几乎没有人会以这样的价格买进。另一方面，只有非真心诚意的买家才会因为要价太高而离开。认真的买家会开出他或她愿意支付的价格。理想情况下，卖家希望不买东西的人也来问问价，那么他就有机会报出自己的价格。如果不这样做，那就是诅咒卖家。买方故意设定低于他或她期望支付的价格。双方报价后，讨价还价就开始了。一般来说，卖方会拒绝买方的提议，并开出一个低于第一个价格的第二个价格。买家会再次

151

提议，比第一个价格要高一点。在一场交替修正价格和还价的博弈之后，他们达到了一个卖家声称可以出的最低价格。然后买家，如果他或她是认真的，就会支付价格并接受商品。

庆典活动

刚果村庄里的男女通常会为孩子举行出生仪式和成人仪式，目的是让孩子更优秀，在成人阶段更成功。在死亡之时，亲属们会举行葬礼仪式，帮助亡灵去往神灵的世界。自从比利时殖民统治以来，刚果的基督教徒在洗礼、复活节和圣诞节等新的节日期间也有庆祝活动。基督徒和非基督徒都会庆祝毕业、结婚、劳动节和新年。

传统仪式

出生仪式　刚果全国都会有庆祝出生的仪式，但在不同文化传统影响下形式也不尽相同，比如有特定颜色的母子偶像崇拜、歌舞表演、动物祭祀和祭礼、给孩子和母亲涂上某种草药或混合物。有些仪式定期举行，比如每次新月的时候。另一些则与婴儿的发育阶段相吻合，比如第一个牙齿的出现和第一次迈开步子。还有一些仪式则以哺乳期结束为标志，因为此时父母即将恢复性生活（一般在婴儿出生后一年或更久）。

彦希人的出生仪式　彦希人住在匡果地区。在生完孩子后，彦希母亲就远离尘嚣，全身心投入孩子的哺育。她和孩子住在自己母亲的房子里。这个与世隔绝的过程分为两个阶段。第一阶段，即分娩一个月后，母亲需要经历一种仪式以便她走出家门，同丈夫坐在同一张垫子上和人们寒暄。为了达到这个效果，她会把孩子带到一个知识渊博的药师那边。药师会准备一种混合了其他物质的烤鸡蛋壳混合物。他会把混合物给婴儿吃，然后把剩下的放在袋子里，让妈妈每天给宝宝喂一点点，直到她累了。他还会让母亲把这个装有混合物的包放在她和婴儿睡觉的床腿上，如果因为什么原因，包掉到地上，就停止治疗。当治疗完成后，或者当包落地时，这位母亲又回到药师那里进行第二次治疗。在此之后，她恢复了正常的夫妻活动。在接触外部世界之前，他们设计了这种与世隔绝的做法和治疗方法，目的是让母亲全身心投入到婴儿的护理中。在隐居的时间里，她也逐渐增强自己的体质，去除了因分娩产生的污秽，净化了自身。

152

　　和其他民族类似，并非所有的彦希婴儿都生来平等。一些婴儿被认为是非凡的，他们就会比其他人得到更多的精心照料。双胞胎和三胞胎出生时因其数量众多而让人觉得不一般。一般一次怀孕只能产下一个婴儿，所以一次产下两个小孩的就算是很特别的了。三胞胎就更特别了。彦希的双胞胎父母会有了一个装满特殊粘土的罐子，当他们的孩子发烧时，他们就用这一种药膏来给婴儿治疗。每当父母不得不离开自己的双胞胎时，他们就会给他们礼物，并向他们解释，他们会暂时离开一段时间，这并不是遗弃他们心爱的孩子。礼物通常是硬币。邻居们第一次见到一对双胞胎的父母会用礼物来迎接他或她的孩子，通常也会是一些钱。父母、邻居或其他任何人给双胞胎的钱，都被放在婴儿的药罐子里，只有特殊场合才会使用，如生病、结婚或死亡。

此外，彦希儿童出生时的体位或者他们出生时的身体状况也会被认为是非同寻常的。出生时脐带绕在脖子上的婴儿被认为是特别的。一只手有六个手指的婴儿也是特别的。更特别的是那些脚先出来的人。这些婴儿出生后通常要施行特殊的治疗仪式，母亲也要遵守必要的禁忌。

成人仪式　成人仪式标志着一个人从儿童变为了成人。女孩大约在月经初潮时举行成人仪式。男孩的成人仪式上割礼可有可无，并不是所有民族都会为他们的青年举行集体割礼仪式。有些人在他们几个月或几岁的时候就已经受了割礼。同样地，女孩的成人仪式并不一定涉及到生殖器切割。许多民族并不施行生殖器切割。成人仪式会让儿童做好性别角色的准备，包括教会他们在性交前后的卫生、性交过程中适当的体位和动作。此外，还教会他们各自性别的功能，包括对生育的正确态度以及与丈夫或妻子的角色相关的责任和行为。

冷度人的成人仪式　瓦伦度人住在上刚果的伊图里地区。① 男孩们的成人仪式用戏剧化的方式演艺了他们日后在成年生活中所需承担的社会领导角色。冷度年轻人的成人礼强调了村长的作用。刚果不同民族社会对于将权力从现任者传到继承者有不同的传统。无论某位候选人采用何种方法来掌权，总有一些仪式是为了使一位新的领导人的统治合法化而设计的。一般来说，在刚果，酋长的就职典礼总有一套仪式，旨在将他

① 洛博·鲁瓦·纠古纠古：《传统非洲的社会与政治：扎伊尔的巴赫马和瓦伦杜》（金沙萨，扎伊尔：扎伊尔大学出版社，1980）（金沙萨，扎伊尔：扎伊尔大学出版社，1980），有关瓦伦度人的风俗部分。

提升为前统治者灵魂的超自然状态。酋长的精神力量使他能够保护村庄和臣民免受危险。村长还承担起为男孩举办成人礼的责任。

　　冷度人的村长是村社的支柱。在村庄的中心地带种上一棵无花果树，象征着他的支柱作用。年长的村民们在这棵树周围聚会，讨论关于这个村庄的生活和命运的问题。村社的成员们，即臣民，把他们给村长的贡品都带到了树边。也在这颗无花果树的脚下，他们把捕获的猎物交给首领。他们在树周围跳流行舞。在经历就职典礼后，冷度村长就成为了村庄的大祭司。给魂灵献祭的祭坛也在树下。

　　村长主持冷度人的成人仪式。这样安排的目的是为了激励年轻人立志成为村中的最高领袖。仪式以向当权者效忠开始，向现任领袖缴纳贡品。参加仪式的候选人准备了神圣的动物用作祭祀。这些仪式包括一个象征性的领袖角色转换，此时村长作为献祭的中心。为了使这一功能转换地更为戏剧化，村长会大声问："你给我带来了什么，来换取村长的职位？""我们给你带来动物，"他们回答。"他们在哪儿？"他又问了一遍。"在这里，村长，"候选人回答。瓦伦度人养山羊、羊和鸡，祭祀会包含上述每一种动物。他们把动物绑在了祭坛上。为了象征村长的职能转变为他人民的伟大祭司，参加成人仪式的准成人用右手握着村长的右手，而村长则一个接一个地屠杀这些动物。通过成人仪式，青年人作为村子里的一员的团结感也得到增强。因此，在宰杀了第一只山羊或第一只绵羊之后，首领命令年轻人站在一个圈里，每个人用右手握住站在他右手边的人的左手小指。然后，他站在他们面前，右手拿着祭祀用的

154

刀，左手拿着一支长笛。他随后会边吹笛子边讲话，并将牺牲的血洒在年轻人和观众身上。作为负责祭祀的人，首领把肉和血放在不同的罐子里煮熟。现场所有年轻人和观众，不论老幼，都吃祭祀的食物。

葬礼仪式 人既是肉体的也是精神的。当现世的肉体生命结束时，精神生命会继续存在于无形的灵魂世界中。葬礼仪式标志着从一个世界转移到另一个世界。葬礼仪式是所有仪式中最神圣的。在农村地区，必须遵循祖先遗留下来的禁忌和教导。不适当的葬礼会引起祖先的不满，祖先可以要求废除原先的葬礼并用一场更高贵的葬礼取而代之。刚果人的第二次葬礼会举办成一个节日庆典。①

刚果人的亡灵节 祖先们经常向他们的后代表达他们的不满，其方式就是让他们生病或遭遇其他不幸。在刚果农村，有时算命人会将一些不幸归结于祖先对他们在死亡时活人给他的葬礼表示不满，而要求他们重新举办一个更有尊严的葬礼。按照程序，氏族首领在与其他长老商议此事后，会定个日期举行一场更合适的葬礼。在此之前，氏族首领会带着他的家族成员去墓地，带着五个装满新鲜棕榈酒的酒器，向祖先们宣布这一重大消息。为了达到这个效果，他会蹲在他的前任的墓前，向所有的祖先祈祷，强调部族面临的危险，并恳求他们给予强力支持。最后，他会将酒器和酒作为礼物送个先祖。

---

① 穆拉戈·格瓦·希卡拉·穆沙利马纳：《班图人的宗教传统及其世界观》（金沙萨，扎伊尔：扎伊尔大学出版社，1973），38～41，有关巴孔郭人死亡节日的部分。

　　与此同时，如果厄运得到改善，而那些买来用于上桌的动物仍保持着良好的状态，那么首领将会邀请姻亲和所有成年的氏族成员参加这次活动。在规定的日期，所有的人都要到墓地去，把所有的动物带到宴会上。部落长老会在他祖先的墓前向祖先们祈祷，将动物献给他们，在坟墓里倒上两瓶酒，并将可乐坚果分发给祖先。回到村子后，老人会为姻亲和氏族成员提供一个小聚会。客人们随即回家，答应会回来参加盛大的宴会。

　　在这完成之后的第八个星期，姻亲开始带着鼓回来了。第一个鼓一到，舞蹈便开始。到了第十天，他们把所有的鼓都装好了。巴孔郭社会一周有四天，庆祝活动连续进行三组，每组四天，总共 12 天。节日一开始，即所有重要的、该到的宾客都到位以后，执事长者会制定节日期间的规章制度。特别是，他会禁止打架、禁止对已婚妇女进行性侵犯、禁止巫术、禁止晚上在街上游荡。整整八天，每天都在音乐、舞蹈、美食和饮酒中度过。日复一日，亲友团会把他们的节目带进宴会。作为回报，他们得到了肉类、棕榈酒和匡嘎，这是刚果人的淀粉主食。在所有的团体都完表演之后，大家开始清算花销和资产。之后将是购买餐盒和火药粉盒，最后在清洗墓地时达到高潮。

　　大狂欢的前夜是激动人心的。枪声很早就响起，直到深夜。整个过程中，象牙号角和鼓声不停地响着。第二天早上，令人激动的时刻开始了。队列会向墓地游行，向死者献上奠酒和礼物。首先，主持长老会把棕榈酒倒在所有的坟墓上。随后，姻亲会把餐盘放在坟墓上的土堆上或者是在坟墓周围种植的叉形树枝上，这其中包括一些全新的餐具。在后一种仪式

155

上，长者会在祈祷仪式上即兴发言，对祖先们进行祈祷，回顾日常活动，哀叹困扰村庄社区的弊病，祈求祖先的支持和保护。祈祷标志着节日的结束。

新式节假日

洗礼 凡是有基督教徒的地方，洗礼就取代了出生仪式。洗礼是在教堂里举行的，有父母在场，也会邀请朋友。通常，牧师（天主教牧师或新教牧师）主持洗礼仪式。在可能的情况下，他们会给候选人穿白色的衣服。他们通常会在活动前剃头，让水接触头皮。在这之前的几个月，准会员就开始参加宗教指导。在前一天晚上，他们忏悔自己的罪过，度过一个神圣的夜晚，期待着一个充满恩典的日子，这是他们生命中一个新的开始。仪式结束后，父母们在家里为他们提供一顿鸡肉晚餐。因为洗礼是一项家庭活动，所有年龄的人都会享用这顿饭。

毕业典礼 在殖民和基督教传教士的影响下，传统的成人仪式在许多地区已显得过时。学校已经取代了秘密社团。现在，孩子们在学校里会待上很多年，而不是在成人礼训练营里待上几周或几个月。在许多方面，毕业是一场真正的胜利。对一些人来说，这也是创伤性的。宣布年度工作成果的仪式在学校举行。在过去，只有学生、老师和学校的管理人员参加。小学毕业生的排名按其分数由高到低排序。分数最低的那个人会在最后宣布，随后大家发出一阵嘘声。高中毕业生按成绩区间划分，分为超群、特别优秀、优秀和满意（及格）几档。不及格的就不提了。庆祝活动放在父母的家里。朋友和亲戚会带来礼物。有些人在活动前把礼物就先送了，作为准备工作的一部分。毕业生和客人们吃饭、喝酒、跳舞。在城市里，毕业生通过学校或协会组织聚会。

婚礼　刚果的法律承认三种类型的婚姻：传统婚姻、基督教婚姻和正式婚姻。传统婚姻是家庭事务，是两个家庭之间的联盟，具体是通过将新郎家的财产转移到新娘的家庭实现的。当在新娘家中完成订立婚约时，陪嫁金可能就会在随后或某个其他时候兑现。夫妇成功完婚后的第二天早上，他们会举办特别的舞会，宣布这一欢乐的活动。更具体地说，婚礼舞蹈是向新郎的男子气概致敬，这对生育至关重要，并且通过婚姻延续了家族的传承。基督教在婚姻中增加了一个新维度——圣礼，圣礼由教堂里的牧师主持。由于基督教传教士的宗教信仰取代了非洲文化，基督教的婚姻变得更加的公开和热情。婚姻登记通常由夫妻双方共同出席，每一方都有证人，新娘的亲属也可以作证证明新郎的陪嫁金已按规定支付。

刚果的大多数基督徒都是天主教徒。天主教的准夫妻们通常在圣礼举行前就在教堂里学习规定的指引。非基督徒的候选人必须参加洗礼的训练，并在结婚前接受洗礼。婚礼提前几周宣布。仪式在教堂举行。处女新娘穿白色的衣服。另一些人则穿着漂亮的衣服，颜色任由其自己选择。父母、见证人和客人们在规定的日期和时间聚集在教堂里。婚礼结束后，在夫妻的住所或任何一方亲戚的住所会召开招待宴，只要这位亲戚愿意提供赞助。庆祝活动通常延续到夜晚，伴随着欢快的音乐和舞蹈以及各民族的民族歌曲和旋律。

基督教节日　在刚果，最著名的基督教节日是复活节和圣

157

诞节。复活节是从棕树节开始的。在这一天，教堂里通常挤满了礼拜者。在乡村的教堂里，最令人印象深刻的是基督教徒带来的棕枝或小树。在整个天主教的弥撒中，人们一边祈祷，一边等待着最后一刻的到来，这是祝福棕树的特殊时刻。当祭司用拉丁文念祝福的时候，礼拜者摇动他们的树枝或树。复活节是忙碌的一周。它包括星期四的最后一顿晚餐以及在星期五举行的十字架游行。星期六是忏悔日。在复活节的星期天，人们尽可能穿上白色的衣服。圣诞节是一个纯粹的宗教节日。信徒们穿着最漂亮的衣服去教堂。随后，他们要么回到自己的家，要么去拜访亲戚朋友。

大众节日 有两个大众节日值得一提：5月1日国际劳动节和1月1日元旦。在第二次世界大战之后，比属刚果有了服务白人的工会。20世纪50年代后期，特别是1957年以后，其服务范围扩展到了所有刚果的工人。在独立的最初几年，更多的刚果工人参加了工会。5月1日，对刚果人来说是个值得庆祝的特殊日子，庆祝工人阶级为经济平等而斗争。这场斗争的内容包括体面的工资、晋升机会、养老金以及对工人的人道主义待遇。工会领导人组织和领导游行，工会成员和同情工人的人们参加游行。他们高呼口号，鼓励工人们争取公正和尊严。人们会穿着合适的装束，包括穿着红色的衣服作为斗争的象征。在蒙博托的独裁统治时期，工会成为了他独裁政党〔即"人民运动"（MPR）〕的工具。他们放弃了自己的战斗使命，成为了国家元首（"开明的向导"）身后宣传国家统一理念的人。

刚果庆祝的另一个国际性节日是新年。人们为新年做准

备，买新衣服，或者确保他们的旧衣服完好无损。他们还想确
保一些好的肉牛、山羊或鸡的肉可以在新年的时候吃。大多数
城市居民都买啤酒和软饮料。贵族和暴发户们购买进口的葡萄
酒和烈酒。在村里，男人和女人一起酿造最强劲的本地啤酒。
新年的清晨，他们会到啤酒店去买东西。那些没有特别计划的
人会从一个啤酒屋喝到另一个啤酒屋，尝尝、选选。

在村子里，上午 10 点或 11 点左右，人们开始聚集在树下
或院子里的一个遮蔽处。他们喝酒的时候，一些人开始唱歌、
弹奏拇指琴或现代吉他。到中午和下午早些时候，参与活动的
邻居会把食物搬到主人家里。当他们把所有的食物都准备好
（包括主人家提供的食物），主人就会宣布开吃时间。一般来
说，男人和女人是分开吃的。女孩和女人一起吃，而男孩和男
人一起吃。有时，孩子的饭菜是单独上的。饭后，音乐再次响
起。人们载歌载舞，男男女女，无论老少，都会随心所欲地唱
唱跳跳。一般来说，下午晚些时候，啤酒就会喝完，有些人会
感到疲倦，开始离开。最后一人离开会场时，盛宴就结束了。

公众假期 在殖民统治时期，刚果人并没有自己的假日。
直到最后，1959 年 1 月 4 日，为纪念惨遭殖民者屠杀的刚果
烈士，这一天被定为烈士纪念日。约瑟夫卡萨—武布是时任巴
孔郭联盟的主席，该联盟是金沙萨和下刚果地区一个强大的民
族政治组织。武布被安排在位于博多林大道的基督教青年会举
行公开会议，这条路后来改称卡萨—武布大道。在最后一分
钟，殖民地的临时政府取消了会议。民众起义了，向欧洲人的
汽车投掷石块，洗劫并焚烧商店。殖民军队开枪反击，造成
300 多人丧生。在独立的早期，1 月 4 日定为追忆英烈的烈士

158

节。刚果独立带来了另一个节日。6 月 30 日，独立纪念日，成为一个重要的公众节日。在这一天，人们会聚集在一些公共场所，一些领导人会发表演讲，唤起他们的民族主义和爱国主义情感。这一切都很顺利，直到蒙博托出现。这位已故前总统的军队在 11 月 24 日接管了这个国家，并废止了烈士节和独立日。20 世纪 90 年代早期，民主化运动觉醒，他的政权日渐衰弱，人们开始对他的政权、他的政党和他的节日感到不满。他的继任者，已故前总统卡比拉，将 6 月 30 日恢复成一个全国性的节日。然而，连年的战争、人民的极度贫困和每日艰难的生活使得任何实质上的庆祝活动都变得无法实现。

159

第八章　音乐和舞蹈

音乐和舞蹈是社会的镜子。与其他社会现实一样，刚果的音乐和舞蹈一方面反映出传统和现代的共存，另一方面也反映出国家的多民族结构。然而，在许多方面，种族间的差异是形式上的而非实质上的，这是因为许多共同的价值观、世界观和习惯性做法导致了大量文化现象重叠。不管是上述哪种情况，音乐和舞蹈都具有许多功能。本章根据音乐在人类生活中的作用，对四大类传统音乐进行了研究：（1）与活动相关的音乐，如一个团队在有节奏地耕地时所演奏的音乐；（2）仪式音乐，如成人仪式的配乐；（3）赞美国王或大酋长成就的音乐；（4）年轻人在月光下跳舞的娱乐性音乐。在刚果，现代流行音乐的发展独立于国内音乐传统。它的最初发展归功于西印度和西非的影响。继刚果音乐黄金时代的巨人——约瑟夫·卡巴瑟拉和拉瓦姆博·马卡迪（佛朗哥）之后，安哥拉的音乐又影响了其发展。小乐队激增、职业女性歌手的增加以及刚果音乐的商业化和洲际传播，都是当前阶段的特征。刚果音乐的主要主题包括爱情、男女关系、政治和历史、讽刺/漫骂、死亡和哀悼。

本章从发展阶段和核心主题两方面讨论现代刚果音乐。①

传统刚果音乐和舞蹈

音乐在刚果人民的生活中无处不在，它伴随着许多活动、仪式和娱乐活动而开展。母亲唱摇篮曲试图让孩子入睡。农民们一边唱歌一边在一起有节奏地工作。在出生仪式上，表演、音乐和舞蹈都与婴儿的灵魂有关。这些表演的目的是为了与灵魂作朋友，让灵魂感觉到被需要，并为孩子在成年生活中取得成功做好准备。在成人仪式上，它们向准成年人传达了他们即将到来的新身份中等待着他们的社会责任和义务。在哀歌中，它们表达了失去亲人的悲痛和痛苦，同时大声诵读他们的社会成就和祖先的功绩。音乐和舞蹈是表达对权力人物的尊敬和赞扬的有力媒介。音乐和舞蹈是各种社交聚会上一流的娱乐活动。

与活动相关的歌曲

和非洲大陆的其他地方一样，刚果的非洲人经常在参加各种日常活动时唱歌。例如，妈妈们唱歌让她们的婴儿入睡。男人们在集体劳作或歌颂伟人时也唱歌。

摇篮曲　摇篮曲是唱给婴儿的旋律，诱使他们入睡。人们

---

① 本章系作者与佐治亚州奥古斯塔培恩学院政治学家马基迪·库—恩替马合作完成。传统音乐部分由作者完成，现代音乐部分由库—恩替马完成。非常感谢库—恩替马的贡献。作者对其余内容全权负责。

会根据不同的意义选择不同的摇篮曲。人们相信这些意义已经成为婴儿潜意识价值的一部分。摇篮曲的功效在于旋律。伴随着旋律，他们在爱抚婴儿身体某些部位的同时轻轻地来回摇动婴儿。这些歌曲中深刻的哲学信息是可由一曲雅卡（Yaka）摇篮曲来诠释：

> 不管一个人是坐着还是站着，这个人都面临着同样的命运。我进入了篮子里。有时我想我已经不在里面了，但我意识到我还在里面。这是什么情况？上帝回答说："什么动物脚悬在灌木丛中，而身子还躺在地上？"要学着像恩根都鸟一样安静。[①]

集体劳动歌曲 男人经常在参与繁重的集体劳动的时候唱歌以减轻负担。[②] 耕地就是之一。有时，劳动者会在挥动锄头的同时发出声音，再将锄头的声音与歌曲构成和弦。下面这首歌是卢巴农民在劳作时经常唱的节奏歌之一："Tuayi tshinamina。Wakubanduluka, tuamudia tshibawu（"让我们忠于职守、弯腰到地；直起身子的人会被罚款。"）

163

在殖民统治时期，刚果人经常被召集来拖沉重的树或石头，这些树或石头拴在一条长链或一根结实的绳子上。工人们

---

① 穆弗塔·卡本巴，"口述文学与真实性Ⅱ"，Revue JIWE 杂志 3（1974 年 6 月）：68。

② 本章所讨论的有关卢巴社会的生活状况是基于作者的研究已经在卢巴村庄的生活经历完成的。

均匀分布在链条上或绳子上，和着歌的节奏来拖拉重物。来自班顿都的刚果人有一种名为"伦坎巴"的流行舞蹈。他们一边唱歌一边移动身体，这动作看起来他好像正在用绳子拉着重物。

举着权威人物唱歌 在尊崇传统的地方，酋长会被人抬在一个奇波伊（一种椅子/担架）里面，前后各有两个人举着。抬担架的工人在执行这项任务时经常唱歌。在卢巴人的传统中，游遍整个酋邦、走访酋邦人民是各酋长的例行工作。旅行中的酋长只能在副酋长的住所住下。为酋长及其代表团提供款待是副酋长的职责。抬担架的工人会用三种策略来减轻他们肩上的负担。其中一个是步行/跑步，这是一种有节奏地前行。第二个是来回运动。工人会停下来，然后前后来回几次，找到平衡后再继续前行。第三种策略是在步行/跑步和来回运动时唱一首歌。通常，架着酋长的时候就会歌颂副酋长的热情好客：

Mukalenge e	酋长（在我们肩上）
Tumutula penyi?	我们要把他安顿在哪里？
Anu mwa Tshikala,	只在副酋长的住所，
Tshikala Mmutupu,	除非副酋长不在家

20世纪60年代，蒙博托总统还很受欢迎，他经常在去省会的途中坐在奇波伊里。在班顿都地区，搬运工人和他们身后的人群过去常常有节奏地唱着："蒙博托，我们爱您，是的，我们爱您"。有人讲了一个故事，有一次蒙博托正在奇波伊

里，忽然人群中有个声音改了一个词，说："蒙博托，我们不 164
爱您"。

仪式舞蹈和音乐

在刚果，男女用仪式和舞蹈来庆祝重大事件。大型狩猎出征、出生、成人和死亡都是重大事件。

狩猎仪式 一些与活动有关的音乐和舞蹈具有超自然的内涵。卡塞的坎由克人有一首名为布杨嘎的猎歌，他们模仿大型猎物行走方式的时候会唱这样的歌。表演是为了庆祝过去的成功。如果他们在狩猎前没有唱歌，可能会危及未来的出征。在刚果北部的波莫坎迪河以南的曼博图人举行仪式舞蹈和音乐，目的是为狩猎探险带来好运。一位可以通过幻象与祖先进行沟通并预测未来的圣贤顾问，会表演一些此类舞蹈。[①]

出生仪式舞蹈 婴儿被认为是神灵回归人间。他们对父母行为的反应更具有神性，而不是人性。因此，人们通常会用特殊仪式来欢迎他们，使他们感到自己是被需要的，同时也能增强他们的体质，确保他们未来在成年生活中取得成功。母亲们操持欢迎仪式。卢巴妈妈们的仪式就包括挨家挨户从邻居那边收集食品作为礼物。面对收集到的礼品（她们称为库萨乌 165
拉），她们会发出一种很长的"噢…噢…噢"的声音（姆科波罗罗）。发这种声音时，她们把嘴张开，用右手拇指和中指将

① 迪迪尔·德莫林，E·施德罗和 C.A. 凯姆编辑，"非洲印象：扎伊尔东北地区的艺术"，《扎伊尔东北地区的音乐与舞蹈，第一部分：芒贝图音乐社团组织》（西雅图：华盛顿大学出版社，1990），207。

下巴中间的皮肤向前拉申就可以做到。用手掌反复敲打张开的嘴也可以发出同样的声音。另一名妇女不发声,她只是在收集礼物的过程中摇铃,一个孩子就摇一下,双胞胎就摇两下。

　　妇女们还会在新生儿母亲的房子前唱歌跳舞。伴随这些仪式舞蹈的最常见的乐器是迪沙卡,亦称沙球。在仪式中演唱的歌曲传递着某些事实,也传递着某些人或动物的习性,正如下面这首歌词所描绘的那样:

> Tshikololo nyunyi wa nsambasamba,
> 奇科罗罗是一种分段飞行的鸟
> Usambila wasabuka Lubilanji.
> 他甚至飞越过卢比兰吉河。
> Ndelela penyi,
> 我要在哪里生我的孩子?
> Ntambwa wa ba Nkashama?
> 我是一只狮子,我是豹子的同伴?
> Ndelela penyi,
> 我要在哪里生我的孩子?
> Bena buloba babenga?
> 如果地主来禁止?

　　成人仪式的格言和歌曲　　刚果许多民族都会为男孩和女孩举行成人仪式。成人仪式正式开始前,年轻人要经历一段时间的封闭培训。在此期间,即将成人的男女会被详细教导关于男人和女人的责任。刚果族的成人仪式很复杂,其历史可追溯到

16世纪。这些封闭培训学校的名字很有特色，刚果的学者K·奔塞基·福·基尧将它们翻译成了英语，读者可以从中体会它们各自的办学目的，比如："生活学校"，"启蒙学校"。①

　　这种培训体系的目的之一就是教会年轻人与自然和谐相处。他们懂得了土地、植物和农业对人类生存和繁荣的重要性。另一个目的是告诉年轻人他们名字的重要性，以及这些名字是在什么样的环境下选出来的。在成人仪式上，准成人会用一个新的名字，以提醒他们所承担的生者世界和死者世界的社会和精神责任。与成人仪式相关的培训旨在使他们在道义上和精神上履行这些职责。激励准成人的策略之一就是学习一门新的语言。他们必须练习格言、谚语、歌曲和肖像作品。通过这种重复训练和歌唱，让准成人了解水对维持地球上生命的重要性。培训教师会逐一列举某些缺了水就无法进行的活动或缺了水就无法生存的物种，这时就需要准成人们齐声回答："水"。培训师还强调婚姻和优生对人类生存和社会生活的重要性。他们提醒年轻人，婚姻就如同农业生产，即"一分耕耘，一分收获"。因此，种子的概念对婚姻和优生都至关重要，成人仪式上反复播放的歌曲亦包含了对这两方面的暗示。②

166

　　哀悼　哀悼时也会跳舞，这在非洲社会很常见。根据习俗，卢巴人在人死后第二天的早晨埋葬尸体。他们在下葬前没有演奏音乐。守夜从死亡之日起持续两周。参加悼念的人，除

---

①　K. K. B. 福基亚：《自愈能力与治疗：非洲老技艺》（纽约：万太基出版社，1999），2。

②　福基亚：《自愈能力与治疗：非洲老技艺》，2～19，23，33。

了寡妇和近亲，白天劳作，晚上回来守夜。他们通过守夜来表达伤感与哀悼，有时也借助卡萨拉抒情歌曲来寄托哀思。这歌曲是对死者及其一生的赞美。在守夜后的第二天，会有大量的卡萨拉等歌曲和舞蹈表演，还提供不少食物和饮料。寡妇们需要哀悼一年。当哀悼期结束时，他们会举行盛大的宴会，会有更多的食物、饮料、音乐和舞蹈。

赞美和娱乐音乐及舞蹈

国王和酋长都是统治者。通常，供他们娱乐的音乐有赞美乐、音乐合奏以及专门供他们使用的乐器，如下芒贝图宫廷音乐所描述的那样。音乐和舞蹈几乎存在于所有的刚果文化活动中，不论是欢乐或悲伤。它们为人们必须面对的各种情况增加了娱乐的维度。在某些场合，音乐表演只是为了娱乐。卢巴的陆图库舞蹈就是这么一种娱乐性的表演。

宫廷音乐　刚果乡村的音乐风格因政治和社会风格而异。例如，在有的地方王国或大酋邦很强盛，则献给国王或大酋长的赞美音乐也更复杂、更讲究。在上刚果地区的维莱河和波莫坎迪河之间的曼博图人就是这样一个例子。宫廷音乐反映了国王的权力和荣耀。在 19 世纪统治下的姆邦扎国王是一位伟大的国王。在国王的宫廷里发现了巨大的乐器。象征他权力的乐器只有在此地才有，其中有铁双钟、大象牙角和某种狭缝鼓，为国王演出过许多华美的音乐合奏。有些人是国王亲自邀请的著名音乐家，他们住在宫廷里，靠君主提供的土地为生。①

167

----

① 　德莫林：《扎伊尔东北地区的音乐与舞蹈》，197～204。

演奏特定的乐器是为了特定的目的。双钟宣布国王启程赴战、访问副酋长或回到宫廷。某些狭缝鼓，不论独奏或合奏，有多重用途：赞扬国王的权力、加强副酋长作为国王代表的权威。狭缝鼓传递有关重大生命事件的信息，如出生、死亡、盛宴、大型狩猎远征活动或战争。在舞会上，狭缝鼓可以用来点饮料送给乐手，也可以用来邀请观众跳舞。哨子用途多样，宫廷音乐家和平民都广泛使用。

社会批评歌曲 一些娱乐歌曲具有社会批判的韵味。在传统的刚果社会里，人们经常创作歌曲来表达对特定现状的满意或不满。卢巴女人有一首歌表达了对黏人的男人的不满：

你是为我而生的吗，亲爱的卡松波伊先生？

你以为你黏在我身上了吗？亲爱的卡松波伊先生？

谁告诉你，你将永远和我在一起？亲爱的卡松波伊先生？

臣民会用歌曲来表达对不受欢迎的首领的不满。妇女们过去常在院子里磨玉米或木薯或是在泉水旁聚会或是在去聚会的路上唱这些歌。在殖民统治时期，在刚果村庄里，对殖民当局不满的歌曲中还含有暗号，召集人们去一个秘密的地方，在那里讨论不满的缘由及对策。①

陆图库 在卢巴村，曾在青少年和年轻人中风靡一时的舞 168

---

① K. K. B. 福基亚，芒贝基：《非洲传统政治组织》（马萨诸塞州：奥奈纳，1985），41。

蹈叫做陆图库。在一个月光照耀的夜晚，男舞者和女舞者们站在一个松散的圆圈里。他们唱歌，拍手。他们一个接一个地进入圆圈的中心，跳几个个性化的步子，摆弄一些手势，再邀请下一个人进入中心表演。邀请是通过在人面前表演某些舞蹈动作来完成的，当受邀者向前进入到圆圈时，邀请人就步步后退。在与受邀舞者跳了几步之后，邀请人就顶替了受邀人在圆圈中的位置。

陆图库的有些歌曲含有浪漫意味。这些歌曲暗示了性关系或男女关系和一般性态度。陆图库有一个同义词，姆本嘎。姆本嘎有个特殊的动作，叫做 mbenga wa tshiadi（胸前姆本嘎），很是特别。这是舞蹈中明确表达浪漫意味的部分。在跳了一段时间舞后，舞者们变得非常兴奋，通常这时会切换到胸前姆本嘎，这也时常意味着已婚妇女得警惕了，因为胸前姆本嘎还有一个别名叫 mbega wa bana balela，意思是"为单身而跳舞"。人们还会喊出下面这句话以警示已婚妇女：mukaji mubaka kabwedi（"建议已婚妇女离场"）。

在一个普通的姆本嘎中，在中心的舞者可以（而且经常会）根据自己的选择任意将在中心舞蹈的权利传递给男性或女性舞者。然而，在胸前姆本嘎中，这种转移的对象得是一名异性舞者。当两名选手在中心的时候，他们放慢速度，互相摩擦胸腔，或者男舞者"不小心"撞到女性的胸部。

卡姆兰古 这是另一种卢巴音乐表演，主要功能是娱乐。它可以在哀悼期结束时、在毕业典礼或婚礼上表演，或是用来庆祝被监禁的亲戚回归自由。这种圆圈舞也许是城市中最受欢迎的卢巴舞蹈，吸引着中年人和年轻人。舞者并肩站着，看着圆圈的中心。他们从左向右移动，每次向右移动两步，然后原地跳几步。有时会有一个人走进中心独舞。

和其他大多数的卢巴舞蹈一样，卡姆兰古也是用腰部跳的舞。在离开圈内之前，舞者会用舞姿邀请另一个人进圈跳舞。当被邀请人向圈内移动的时候，两个舞者面对面跳一阵，随后邀请者退出，站到先前被邀请者的位置上。卢巴人把这种腰部舞蹈称为 maja a mu tshimono 或 maja a mu tshifuka，意思是"用腰来跳舞"。然而，在金沙萨，非卢巴族人把这个舞蹈叫做"姆图阿什"，因为当一个男人和一个女人用他们的腰部跳舞时，男舞者通常会说"mutwash"或"mutwas"，特别是在如果女性舞伴没有结婚的情况下。这两个词都意味着"碰她"，暗指性交。

图隆波和齐库纳　这两个舞蹈也是卢巴娱乐舞蹈。在图隆波的演出中，木琴占据了主导地位，因此，图隆波还有另一个名字：马迪姆巴（木琴）。其他用于表演图隆波的乐器有皮鼓和拇指钢琴。齐库纳是另一种流行的舞蹈。拇指钢琴是演奏齐库纳的主要乐器，也有皮鼓。另一种娱乐舞蹈是恩松索·马楞戈拉，由许多拇指钢琴和皮肤鼓组成。演奏队员们穿着褶皱的衣服（恩松索），因此得名。有时恩松索女孩与男性伴侣一起表演。

所有这些舞蹈都是用腰部完成的，但陆图库除外，它是通过在快速移动的时候将腿抛向空中来完成的。图隆波舞的爱好者的年龄各异。齐库纳的大部分舞者都是年轻人和青少年。齐库纳意思是"种植"。这个名字的意思是舞者间歇性地将右脚跟放到地面，像是农民在地里播种的动作。刚果年轻人现在和

169

着 RAP 跳这种舞。

现代流行音乐

刚果的现代音乐的发展经历了四个阶段，各个阶段都有一些因素主导了音乐发展趋势、生产强度和质量。[①] 这四个阶段分别是：受西非和西印度音乐影响的时代、受安哥拉音乐影响的时代、以约瑟夫·卡帕索的非洲爵士和佛朗哥·拉瓦姆博·马卡迪的 O. K. 爵士为代表的刚果黄金时代以及当前超级商业化时代。这些音乐表现了五个主题：爱、男女关系、政治和社会生活、讽刺/谩骂、死亡和哀悼。[②]

发展阶段

现代刚果音乐的历史可以分为四个不同的阶段：（1）1930年~1940年代后期；（2）1940年代后期/1950年代早期到1960年代中期；（3）1960年代到1970年代晚期；（4）1970年代晚期至今。

[①] 本节由马基迪·库—恩替马完成，库—恩替马对刚果音乐有广泛的一手知识。他本人认识很多音乐家，拥有大量唱片，其中很多歌曲（不论老歌还是新歌）都可以在刚果国家电台和金沙萨电视台的档案室中找到。

[②] 有关刚果音乐的研究不多，这里有些未曾公开发行的法语手迹。"刚果的利奥普德维尔音乐"（金沙萨，1965）；"现代刚果音乐评论"（金沙萨，1969）；"黑人文化，非洲文化特点和非洲音乐"（金沙萨，1990）；"现代扎伊尔音乐"（金沙萨，1972）。上述每一份材料都是当时的扎伊尔国立大学金沙萨校区和卢本巴什校区的学生实习时留下的手迹。

1930 年代～1940 年代后期　20 世纪 30 年代到 20 世
纪 40 年代期间，西非和其他外国势力在金沙萨/利奥波德维尔的
影响显著。来自非洲各地的非洲人聚集在布拉柴维尔、波马、
利奥波德维尔、黑角和其他一些地方。最重要的是，在 20 世
纪 40 年代，法属赤道非洲的首都布拉柴维尔成为法国在非洲
的殖民政治中心。刚果河作为一个文化纽带，连接了两个殖民
地（比利时刚果和法属赤道非洲）。在刚果河两岸，西非人
（达荷美人、塞内加尔人、喀麦隆人、多哥人及其他民族）把
他们的文化和文化社团带到了中非，特别是在高品质生活音乐
方面。一些乐器（口琴、手风琴、原声吉他、声鼓等）也随
之普及。

这一时期的音乐还受到他国来客的影响，特别是非洲裔古
巴人和非洲裔巴西人。第二次世界大战给非洲带来了更多元的
民族文化。西印度人——特别是来自马尼提克的人——带来了
他们的音乐和法国殖民遗产。欧洲、非洲裔古巴和西印度的舞
蹈都很流行：阿根廷的探戈、华尔兹、伦巴、波莱罗、墨林道
和拉马廷根舞（或称马加因）。这一时期标志着与传统（鼓）
的决裂和新时代的开始：刚果进入到现代音乐阶段。这段时
期，一部分刚果人在音乐方面留下了自己的印记，他们是亨
利·鲍恩（吉他手）、维多利亚·布拉扎乐队的创始人——保
罗·卡姆巴、安东尼·温多·克罗索斯和安东尼·蒙达达。

1940 年代末到 1950 年代　在最初的几年里，巴拿—安哥
拉，也被称为班珊萨拉或圣萨尔瓦多，成为金沙萨的主流声
音。这些音乐家是安哥拉移民的后代。尽管他们中的许多人出
生在比利时刚果并在那边长大，但殖民的现实迫使他们始终认

同安哥拉母亲。他们主要在基孔郭地区歌唱社会生活和日常生活，其艺术创作主要是民谣和小夜曲。这个群体中最著名的艺术家是曼努埃尔·弗雷塔斯、德奥利维拉和蒂诺·巴罗扎。许多人认为蒂诺·巴罗扎是已故尼古拉斯·卡斯达（尼科博士）的学生。

1953 年到 1970 年代中期 在 20 世纪 50 年代早期，两支主要的乐队——非洲爵士和 O. K. 爵士（基拿爵士乐队）逐渐占领了刚果的现代音乐的主导并带来了一些变革。约瑟夫·卡巴瑟勒，也叫卡勒·杰夫或老卡勒，是非洲爵士的创始人兼首席执行官。他是一位天才作曲家和歌手，经常与蒂诺·罗希相媲美。非洲爵士 和多·卡勒·尼科两个乐团最初从拉丁美洲借来一些音乐人诸如蒂托·普恩提、乔尼·巴切罗、蒙吉托等，逐渐把古典伦巴、桑巴、波莱罗、探戈和恰恰给非洲本土化了。卡勒的恰恰恰与哈瓦那的有所不同。

卡勒是音乐舞台上的杰出人物，他在 20 世纪 60 年代支持民族团结和泛非主义事业。他的歌曲，如《Kimpwanza》（独立）、《非洲 Mokili Mobimba》、《Ebale ya 刚果》和《Matanga ya Modibo》，都是他的国际主义的例证。许多国际化天才音乐家的存在，如马奴·迪班戈和冈萨雷斯，再加上卡巴瑟勒与金沙萨当时冉冉上升的小资产阶级的亲密关系，使得非洲爵士成为富人和世故者的首选。在这十年末，最初的非洲爵士乐团派生出了许多乐队：非洲爵士乐的卡尔乐、非洲爵士乐团/杰诺特、彭本嘎、非洲爵士苏基沙（尼科博士）、非洲国家庆典乐团（也被称为 Afrisa National（塔布·雷·罗切索 Tabu Ley Rochereau））、马奇萨德（Maquisards（桂·瓦诺 Guy Vano））等。

　　与非洲爵士乐团一起，在欧洲人的倡议下建立了"爵士乐团"（1955 年至今）。很快，从布拉柴维尔来的丹尼尔·卢贝罗（雅·卢纳/德·拉·卢恩）和艾苏·让·瑟奇，还有弗朗西斯·卢安波·马奇亚迪（马特赫·弗朗科）几乎成为了OK 爵士乐团的代名词。他们欢快的节奏和歌词对年轻的"Kinois"非常有吸引力。不到 4 年，OK 爵士乐团就成为了非洲爵士乐团的主要竞争对手。虽然全世界提到这支乐队的时候只会想起卢安波·马奇亚迪，但它的成功却归功于许多无名英雄的肩上：德·拉·卢恩、艾苏·让·瑟奇、以撒·穆斯基瓦（Isaac Musekiwa，萨克斯演奏家）、约瑟夫·库阿米（Joseph Kuami）、姆霍斯（Mujos）、维奇·隆龚巴（Vicky Longomba）、卢同巴（Lutumba）、由卢·马比亚拉（Youlou Mabiala）、萨姆·曼戈瓦纳（Sam Mangwana）等。

　　在卢安波的领导下，OK 爵士乐团将刚果文化整合在一起。他们把来自安哥拉、刚果金沙萨和刚果的歌曲和舞蹈进行了现代化，并把古典伦巴、波莱罗和恰恰恰等舞蹈因素注入其中。就像非洲爵士乐团一样，20 世纪 80 年代末成名的T. P. O. K. 爵士乐团也经历了分裂。因此，最初的乐队最终派生出二十多个乐团。

　　20 世纪 70 年代末到现在　　今天，刚果有一百多个乐队，其中大多数在金沙萨，它们中有不少在海外和非洲都有其踪迹。现在只有两个流派的现代刚果音乐：非洲爵士乐派和 OK 爵士乐派，或者说是卡尔乐·杰夫流派和马特赫·弗朗科/卢安波·马奇亚迪流派。这第四阶段的特征是没有出现超级乐团。尽管许多优秀的音乐家仍在刚果，但无论是非洲爵士乐团

172

还是 OK 爵士乐团都没有在音乐舞台上占据独大的地位。这个阶段的另一个特点是女性作为主唱和艺人的兴起，其中就有：姆彭郭·勒弗、阿贝蒂、什阿拉·姆阿纳、姆比利亚·贝尔、法雅·蒂斯。

刚果以其现代音乐闻名于世，它已经成为每个刚果人的民族自豪感的来源。从 20 世纪 60 年代到现在，刚果音乐在许多非洲国家的广播电台中占主导地位，从布基纳法索到坦桑尼亚和肯尼亚。刚果音乐家遍布科纳克里、阿比让、雅温得、杜阿拉、利伯维尔、布拉柴维尔、哈拉雷、坎帕拉和许多其他的非洲大城市。他们占据了整个非洲大陆娱乐圈的中心。在这些城市里，年轻的男女都喜欢模仿那些著名的刚果音乐者的动作，比如尼奥嘎·隆郭、姆比利亚·贝尔和什阿拉·姆阿纳。法国、比利时、日本和其他许多国家的音乐制作人利用这一惊人的成功赚得盆满钵满。例如，为了提高音乐制作，日本巨头索尼与温格音乐公司联手合作。另一方面，由于刚果艺术家知识匮乏、法律保护意识淡薄，盗版商通过非法复制和传播刚果音乐在世界各地发了财。

最后，商业动机推动刚果音乐的发展，这比以往任何时候更甚。随着新技术和新设备（键盘、合成器、混音器）的投入，许多失业、未受过教育的年轻人，包括那些没有真正才能的人，正在转向音乐行业谋生。在我们看来，这一结果的净效应会是音乐质量的下降。尽管如此，人们还是必须认识到，如今刚果的年轻人比他们的前辈们更擅长跳舞和编舞。他们中的很多人都是"Bawuta"（"乡亲"），或者是新来的务工人员，不像他们的前辈出生在金沙萨，在金沙萨长大。

主要主题

刚果音乐表达了许多主题。五个主要的主题是：（1）爱
情；（2）男女关系；（3）政治和社会生活；（4）谩骂/讽刺；
（5）死亡和哀悼。

爱情　　无论一个人是否能说或能理解林格拉语
（Lingala），刚果音乐的听众经常能听到这样的话：motema na
ngayi（"我的心"）；bolingo na ngayi（"我的爱"）；cherie
（"亲爱的"）。① 所有这些词都表达了爱。通过音乐，艺术家
显示出人们的浪漫性情。许多老歌表达纯粹的爱。例如，在
《Ndozi》（梦）中，德奥利维拉说，"昨晚（在我的梦里），我
正在和我的爱人说话。我觉得我在和一个天使说话，他把祝福
洒向我。（"O mpimpa mbokene ye mama. Nkiena mono mbokene
ye wanzio. Nsambu zame nkuenda baki"）。② 在这一主题中，人
们还了解了爱情的其他方面：嫉妒、欺骗、不忠、失恋和破镜
重圆、性乱交，等等。

男女关系　许多歌曲描绘了刚果社会中男人和女人的形
象。由于大多数音乐家都是男性，而且直到今天仍然是，他们
的艺术作品的注意力主要集中在女性身上，如母亲、爱人和社
会人。按照惯例，刚果男人和女人最尊重他们的母亲。音乐家

173

----

① 刚果音乐家主要是用林格拉语（一种刚果方言）作词、演唱。说这种语
　言的地区主要是首都金沙萨、上刚果省和赤道省。
② 这首歌的歌词用的是基孔郭语。德奥利维拉属于来自安哥拉的刚果少数
　民族，但他是在前比属刚果出生、长大的。

在他或她的作品中也反映了这种态度。然而，当他们把这个女人看作爱人或妻子时，这画面却发生了变化。根据关系的好坏，他们把女人描绘成一个寄生虫、一个年轻的伴侣（在婚姻情况下），或者一个累赘的家庭成员。在城市里，除了市场和从商的妇女外，女人不在外面工作。因此，她们依赖于男人的支持。

费德·腊乌和卢安波·马齐亚迪（佛朗哥）将一首恩坦都人（一个刚果亚民族）的老歌改编成现代版，其中就描绘了一个女人在婚姻关系中比伴侣还不如。其使用的语言有很强的贬低意味。他们把女人看作是件物品，就像基孔郭人的这句话说的："kileka kumanima, ikio kifinga ngudi munu"（"在我背后睡觉的这个东西，竟敢不尊重我母亲"）。然而，今天，随着 Mpongo Love、Mbilia Bel 和 Tshiala Mwana 等女性艺术家的出现，他们也将男性描绘成邪恶、无能和不负责任的人。①

通过分析许多歌曲，研究文化和历史的学生可能会找到一个机会来进一步深入了解刚果的社会结构。因此，听卢安波·马齐亚迪的歌曲《马里奥》，人们了解到刚果社会发生的一些根本性的变化都是政治独立的直接结果，包括新贵族的出现。当然，有些新贵族是女性。《马里奥》讲述的是一个年轻人的故事，他受过良好的教育（在欧洲大学）。根据卢安波的说法，他的情人是个和他母亲一样老的一个女人。这个女人照顾马里奥的需求，从穿衣到住房。尽管如此，这个年轻人还是虐

---

① 这是刚果族的亚族——班坦都人的流行歌曲。音乐家弗朗哥运用现代乐器，给歌曲做些小修改，形成了他自己的一些曲目。

待他的恩人/情人。

富裕女性的激增也是一个新趋势，这些女人被称为"Bamama Benz"和"Bamama Cent Kilos"。Bamama Benz（奔驰女士）和Bamama Cent Kilos（百公斤女士）是对暴富女性的昵称。这些妇女过去常常开着大而昂贵的汽车，在市场上为他们的商业交易搬运沉重的钞票。她们也常常体重超标。而且，在过去，男人依靠女人这种事是闻所未闻的，在社会上也是无法接受的。通过这首歌，这位艺术家批评了欧洲对刚果社会的曲解。马里奥综合症并不是一个孤立的事件。许多年轻人生活在类似的依赖关系中。和马里奥一样，他们中的大多数都上过欧洲的学校和大学。他们在金沙萨比比皆是。人们对他们冷嘲热讽，把他们的形象描绘成"petits poussins derriere la poule"（"母鸡妈妈身后的小鸡"）。人们把处在这种关系中的女人称为mama mobokoli（"母亲照顾者"）。

政治和社会生活　在独立之前，刚果的艺术家（尤其是音乐家）就对政治和社会生活表现出极大的兴趣。更经常的是，他们扮演着社会批评家的角色。其中有个歌曲题为《迟早》。完整的标题是《世界迟早会改变》。《迟早》是1955年由阿杜·伊彦嘎创作的歌曲，曾一度风靡金沙萨。1955年，年轻的比利时国王博杜安访问刚果。在同一年，新实施的法律认可了新兴的刚果精英（当时叫做新精英）的地位，并把他们看作一种独特的社会阶层。在比属刚果，还有许多其他迹象表明非洲变革之风正在拂来。用歌手的话说：

白人迟早会被推翻。

> 这个世界迟早会被净化。
> 世界迟早会颠倒过来。[①]

在 20 世纪 60 年代和 70 年代，音乐家们把矛头对准了政治家和新贵族。罗切索，又名帕斯卡尔·塔布·雷，在《Mokolo na kokufa》中，讲述了一个富人和一个穷人眼中的生命的终结：

> 我死的那天，我这个富人，
> 我会考虑汽车和卡车。
> 我会想到我送去欧洲的孩子们。
> 我死的那天，我这个穷人
> 我会想到艾达，嫁给我的那个女人。
> 我会想到我身后留下的孩子。[②]

几乎在同一时期，塔布·雷的歌曲《快乐/优秀的市场》问世，他获得了巨大的成功。这是对新妇女政治和经济阶层的一种谩骂。

175　　　　　他们告诉我，

---

① 伊希多尔·恩达亚维尔和恩齐姆：《刚果通史》（巴黎：德波克出版集团，1999）；阿杜·艾彦加，"Ata ndele mokili ekobaluka"（歌词，金沙萨，1955）。

② 塔布·雷，罗切索以及非洲国民节日乐团，"Mokolo nakokufa"（歌词，ca. 1967）。

你拒绝少量购买，

你闭着眼睛买东西，

你拒绝接受找零。

这就是在独立后的数年里新贵族和暴发户的行为。他们有钱，想让所有人都知道他们，但他们很快就失去了那些他们希望给留下深刻印象的人的尊重，因为每个人都知道这是从人民那里偷来的钱。

然而，刚果音乐家一直扮演着社会批评家的角色。有时，他们在为政客们服务时表现得像个游吟诗人。歌颂政治人物的歌曲太多了。在"真实性"（重建非洲文化）的幌子下，他们制作了数百首歌曲，赞美所谓的"启蒙领航者"——已故前总统蒙博托的成就（真实的和虚构的）。在"真实性"运动之前，在20世纪60年代，那些年龄足够大的人会记得这首歌：《莫西·图尚贝，如果没有你，还有谁能救刚果?》。图尚贝根本不是一个民族英雄，更不是救世主。这就引出了我们的第四个主题：讽刺。

讽刺和谩骂 在刚果文化中，创作一首攻击或诋毁对手或敌人的歌曲是很常见的。佛朗哥掌握了这种风格，且比其他任何音乐家都更喜欢这种风格。在《追逐权力》中，他惩罚了一个由他亲自提拔的前合伙人："儿子，儿子，别再歌唱你的父亲了。没有人会相信你，因为每个人都了解我。"

死亡和哀悼 死亡和哀悼是每天要面对的现实。在现代刚果流行音乐中，死亡有时被视为伟大的平等机制。没有人可以例外，更重要的是，所有人都死而平等。一首名为马贝勒

（土地）的歌曲写道："在我们死的那天，我们所有人都被裹在同样的白色床单里"。关于死亡的歌曲也可以是真实的葬礼的悼词。塔布·雷，在他的歌曲《纪念卡巴瑟勒》中，向他已故的导师约瑟夫·卡巴瑟勒致敬。他引用了他的成就，称赞卡巴瑟勒是"现代音乐之父"。①

佛朗哥是一位音乐家，他比任何其他的人都更经常地谈到这个主题。他利用这种风格来揭露和惩罚那些还未将逝者遗体放到他们的安息之处就开始争夺死者的财产和物品的亲戚们的行为。

176　　佛朗哥经常谴责巫术，这是班图人（尤其是刚果族）的基本信仰。他的弟弟巴伐利—玛丽去世后，他写了《神秘高悬》。巴伐利—玛丽劝诫祖先、家族长老和马场加（字面意思是缔造者）以及家族中最年轻的长者要守护和保护氏族里在世的成员。只有当死亡发生在一个老人身上的时候，刚果族人才会欣然接受死亡，并把它看作是一种自然的、正常的现象。在任何其他情况下（包括晚期疾病和意外事故），刚果人都把年轻人的死亡看成是一种邪恶，是邪恶的灵魂和巫师造的孽。根据这一观点，他们在寻找死亡的原因时会关注谁造成了死亡，谁是罪魁祸首，而不是什么事件导致了死亡。

---

① 马贝勒（土地）是一首关于死亡的歌曲。萨姆·曼戈瓦纳是主唱，也被认为是歌词的作者。这首歌由卢安波·马齐亚迪/弗朗哥领导的 T. P. Ok 爵士乐团出品。

第九章　结　语

　在刚果的人文社科作品中（不论是学术作品还是大众文学），人们总是习惯性地将刚果的某些习俗和艺术作品定义为传统的或现代的。这种做法的好处是它迫使作者和他/她的读者时刻意识到某些地区的习俗和文化元素可以追溯到该地久远的过去，而另一些习俗和文化则是来自其他地域的舶来品。有关先祖传统的文字作品都强调了刚果各民族对人类文化多方面的贡献，包括政治组织、宗教、文学、艺术、家庭观念、舞蹈和音乐。

　　在政治领域，刚果各地帮派、团体、部落、酋邦和帝国的组织结构和运作机制充分展现了参与式民主的雏形。在宗教方面，大家普遍相信世上存在唯一的造物主，这位造物主主宰着一切生命和死亡，其他的魂灵（自然魂灵、先烈魂灵和先祖魂灵）、人类、动物、花木和整个宇宙皆由他缔造，或是直接或间接地衍生自他的力量。在文学作品中，刚果的作家们通过记录、解读和翻译与流行歌曲、谜语、字谜、谚语、动物故事和传说有关的文学资料再现先祖的传统。在艺术方面，人像（雕塑、人头、人脸和面具）在雕塑、编织、陶艺和壁画艺术中具有举足轻重的地位。对于美学的追求，包括饰品，也是随处可见。

在家庭生活中，刚果全社会都高度重视婚姻和亲情。母性具有至高无上的价值。夫妻关系（一夫一妻（一个男人和一个女人）或一夫多妻（一个男人和两个或两个以上的女人））扎根于大家庭的关系之中，而大家庭又是社会生活组织形式的核心。每个人都应尊重长者，共享资源。凭借出生，特别是合法生育，个人成为社会阶层中的一员，他或她在其中占有一个特殊的地位，以此来界定他或她对其他成员的权利和义务。

音乐和舞蹈在刚果人民的生活中无处不在。在很大程度上，传统音乐和舞蹈都是一个族群或一个地区的标志。人类的所有活动都有音乐和舞蹈的身影：出生、启蒙、婚姻，酋长或国王的就职典礼或葬礼。音乐和舞蹈既是皇宫贵族的娱乐活动，也是寻常百姓的节庆方式。各种各样的鼓是乐器之首，因为它承载了多样的信息。皇室用它将统治者的命令传递给他的下属——副酋长。在娱乐活动中，首席鼓手为整个乐团定调，从而将特定的信息传递给舞者。马拉卡琴、拇指钢琴、长笛、铃铛或双铃在不同程度上配合着鼓声。这些乐器中的每一件都可以根据特定文化背景下所庆祝的事件的性质而单独弹奏。

由于欧洲帝国主义的入侵，当人们提及"现代化"的时候，大多意味着西方文化的输入，而这种输入最初是在殖民时期（1885～1960年）强加到刚果人们头上的。随着时间的流逝，这些文化已经在各个方面、从不同程度上融入了刚果人们的生活中。基督教，特别是天主教，是刚果影响最广的宗教。基督教在全刚果范围内传播"欧式"名字。在洗礼中，刚果

180

人被赋予了欧式的名字，这些名字被誉为是基督教徒的名字或守护神的名字。基督徒节日（棕榈星期日、复活节、五旬节、亡灵日、圣徒日和圣诞节）欢庆气氛浓烈。几乎无处不在的基督教教堂是最让人叹为观止的社区建筑之一。正规教育大部分是通过由基督教会管理的州立学校提供的。土地掠夺和无偿劳动的始作俑者——殖民统治者走了以后，这些现象依旧存在。市场经济、廉价劳动力以及司空见惯的不支付足额工资的做法都是殖民者留下的遗产。现代国家及其复杂的官僚主义，也许是这个国家最大的舶来品。独立后，独裁时期的独裁者丧失人性、残暴无度，相比殖民时期有过之而无不及。城镇化聚集效应以及部分标准化住宅区和商业区的发展，无不是听命于殖民政府和外籍公司。城市中，欧洲人的豪华城区（拉维尔）和留给非洲人的下层社区（拉希得）分门而立，这本身也是一种殖民行为。刚果精英在权力上取代了欧洲人，但却在延续他们的殖民统治。

181

　　今天，不论是刚果传统文化或是从欧洲"进口"的文化都无法独善其身，也无法完全互斥。其实他们各自都受到了对方的影响。他们的互动，相互借鉴和相互调整，已经催生出了一系列模糊的做法。例如，在宗教上，基督教和刚果的信仰体系，怀疑上帝的存在是不可取的，这是最基本的。对于土生土长的非洲人（如刚果人）来说，这是亵渎神灵。基督徒的诫命中有这样一句话："你不应该枉称你主的名字"，而在非洲传统中有信徒一般也不会称呼神灵的名字，在这点上双方也是相互促进的。天启宗教在今天的刚果颇有人气，在很大程度上归功于其四重因素：巫师和恶魔的邪恶力量导致某些人生病；

驱魔，帮助受害者净身并康复；恩加加（传统牧师）和管理驱魔的基督教先知；一个伟大的先人和圣灵的魂灵，其超自然的力量能清除巫术或驱赶恶魔脱离受害个体并使其康复。

在音乐和舞蹈方面，刚果人的独创性是无可挑剔的。尽管如此，使用吉他、小号和萨克斯管这样的现代乐器不仅改变了音乐的质量，而且也吸引来更年轻、更多元的观众。从另一方面来看，虽然现代刚果音乐和舞蹈源于刚果文化结构之外，但刚果人民的创造性却在其中留下了印记，即使是再无知的听众也不会识别不出他们特有的节奏和旋律。刚果的音乐家和舞蹈家在非洲脱颖而出绝非偶然或意外，而是他们有康果、穆巴拉或卢巴这样的"纪念品"在激励他们。

与欧洲殖民者或后来取代欧洲人成为刚果领导层的那些人相比，作为一种生活方式，由欧洲人带入刚果的市场经济和城镇化从来没有为刚果人民提供与上述这些人同样优质的服务和其他便利。大多数刚果人只能通过从事营业收入高的小生意来过活。这种经商活动游离于制度之外，故有人把此类活动称为"平行活动"。刚果独立后，欧洲人留下的基础设施老旧不堪，使得社会环境更为恶化。城市人口爆炸，就业人数急剧下降。"平行活动"成为日常。与"平行活动"有关的买卖和典型的资本主义制度或典型的传统制度不完全相同，这其中有它们自己的逻辑和伦理。它们在日常生活中的支配地位和独特性给了它们一个新的名字：非正规部门或非正规经济。独立后，刚果精英取代了欧洲殖民者住进了拉维尔，家家户户高墙林立、街道和自来水一应俱全。然而，由于城市人口暴涨，拉维尔和拉希得（大多数刚果人居住的地区）的承载能力已超限。蹲区

182

域就此填补了空白。与富庶的高墙别墅一墙之隔便是一些未曾完工的破房子，里面的住户从"老板"的泵中抽水以获得微薄的收入（老板：大佬，用于称呼有权有位的人，或是享有很高的社会经济地位的人）。

许多殖民政策在设计上就是故意来摧毁刚果人的传统的，其针对的是根据习俗产生的酋长和国王。殖民当局通过废除他们上台的合法程序和传统的治国方式废黜国王和大酋长，用傀儡代替有独立思想和社会良知的领导人。传统的启蒙学校是道德和社会力量的来源，他们也成为了破坏的目标。在自卫中，他们变成秘密组织，最终变成了反抗运动，却也遭受了更严酷的镇压。因此，许多这样的机构无法发展甚至完全消失。在殖民统治之前，造像艺术在刚果各个角落都蓬勃发展。祖先人物和代表启蒙或神性的面具随处可见。基督教传教士以打击异教徒的名义摧毁了它们。所有欧洲人，无论其信仰或民族，包括他们的美国后裔，都曾系统性地掠夺了他们的艺术、美学或商业价值。正是由于这些大规模的破坏行为，这些文化学院及其作品在大多数刚果人的学习环境中已经不复存在。而且，它们也未被纳入刚果学校的课程中去。因此，大多数刚果人，包括受过教育的人，对它们一无所知。也正是由于这样的遗失，有关传统机构和艺术的许多论述（包括这本书的章节）都是用过去时书写的，而不是用现在时。

注：马琦迪·库—倪迪玛博士为该篇结语做出贡献。

183

词汇索引

abacos　阿巴科斯：中式男装，蒙博托执政时期强制推行其为国民服装

bakulu　巴库鲁：氏族中受人尊敬的长老、德高望重之人，离世后被尊为最崇敬的祖先

Bankita　班基塔：特殊类型的祖先，包括暴死的亲戚的灵魂

Bawuta　巴伍塔：乡下人，对首都新移民的蔑称

Bidia　比迪亚：是一种由木薯粉和少量玉米粉制成的淀粉食品

Bilima　比里麻：芒郭人传统中的自然神灵

Bilungalunga　比卢嘎隆嘎：绿叶蔬菜，红薯叶

Bisanji　比桑基：拇指钢琴（单数：tshisanji）

Bishishi　比什什：非食用毛毛虫

Bisimbi　比新比：水中的神灵，生活在小溪、泉水和池塘里

Bitoto　比妥妥：由几种食物混合而成的餐食

Boubou　步步：男式衬衫，西非风格，通常被称为"大喜基"

Boyerie　"小男孩"：供仆人使用的小房子，在主人的主房子后面

Bubawu　布巴伍：由某些野生叶子制成的物质，渔民们将其分散在水里给鱼吃，便于抓鱼

Bushoongs　布雄：建立库巴王国的18个部落联盟

Dashiki　大喜基：男式衬衫，西非风格，在刚果也叫布布

Évolués　精英：殖民时期的刚果精英

fleaux du Zaire（les） 扎伊尔恶魔："扎伊尔之灾"的法语，也叫作扎伊尔之魔

fufu 福福：一种由木薯粉制成的淀粉食品

fumbwa 风布瓦：用特殊的蔬菜酱烹制的鱼

ifityoleko 谜语（本巴语）

Jamaa 贾马阿运动：刚果天主教会内部的一个运动，鼓励将讲述刚果传统故事融入基督教教学中

Kabitenda 卡比腾达：白翅蚂蚁之月，10 月，也叫卡斯瓦·比腾达（Kaswa Bitenda）

Kamanyimanyi 卡曼伊曼伊：最小的可食用蚱蜢，也被用作药物原料

Kamulangu 卡姆兰古：大众圆圈舞

Kamundele 卡蒙得勒：小块烤山羊肉或牛肉，以串来卖，像什什卡博博（shishkabob）

Kasala 卡萨拉：卢巴史诗

Kashipu-Nkenza 卡什普肯扎：旱季月，6 月

Kashipushipu 卡什普什普：小干旱月，1 月，也叫干旱的月份（Tshiongo wa Minanga）

Kaswa Banga 卡斯瓦·邦嘎：褐色翅膀的蚂蚁开始成熟的月份，11 月

Kaswa Bitenda 卡斯瓦·比腾达：白色翅膀的蚂蚁之月，10 月，也被称为卡比腾达（Kabitenda）

Kikwembe 基昆别：长袍，典型的刚果女装的一部分，从腰部包到脚踝

Kindoki 金多基：巫术

Kipoyi 奇波伊：用来运送权威人物的椅子/担架

Ku masa 库马沙：（刚果人的世界里）人死后，精神生活继续活在水边的一个看不见的地方

Kusawula 库萨乌拉：仪式性地挨家挨户收集物品，用于欢迎新

生儿

Kusesa 库塞萨：运送权威人物的工人在步行/跑步时进行有节奏的运动，将他们的注意力从肩上的重担中转移开

kwanga 匡嘎：木薯面包，刚果人的传统淀粉食物；在刚果部分地区作为主食

Lengalenga 楞嘎楞嘎：一种类似菠菜的绿色蔬菜，也叫什特库特库（单数）或比特库特库（复数）

Libaya 李巴雅：女士上衣，与下半身衣物同样材质

Likelele 利可勒勒：最常见的可食用蟋蟀

Likelement 利可勒蒙：一个互助组织，其成员定期贡献劳动或金钱，轮流互相帮助

Likobe 利可伯：将无骨的猎物肉与油、洋葱、香料混合在一起，用香蕉叶烘烤

Liputa 里普塔：刚果妇女穿着的短袍，挂在腰部的长袍之上，用以打结

Lituma 李图麻：用烘烤的芭蕉做的菜

loso 罗索：米饭，也叫罗萨或艾彭加

Luabasnya-Nkasu（正文里是 luabanya-nkasu） 卢阿班亚—恩卡苏：分发锄头去耕种的月份，4 月

Lumungulu 卢蒙古鲁：3 月

Lunkamba 伦坎巴：牵引重型石头或是大树时工人排成一列或排在绳子旁和着节奏唱歌，伴随这种歌声的舞蹈就是伦坎巴

Lupu 卢普：女人们捕鱼时用的木盆，用来从池塘里舀水

Lutuku 陆图库：年轻成人在月光下跳的娱乐性舞蹈

Lwishi（正文里是 Luishi） 卢什：昆虫纷飞的月份，2 月

Lyangombe 莲贡贝：巴希人及其他大湖区域的民族崇拜的伟大的神灵

Maboke 马伯可：用芦苇叶或香蕉叶烤出的鲜鱼，再撒上大量胡椒

Madesu 马岱苏：豆子

madesu ya bana　马岱苏·亚·巴拿：贿赂（字面意思是给孩子们的豆子）

mafundisho　马风迪硕：（贾马阿运动，Jamaa）教学

maja a mu tshifuka　腰部舞蹈，也被称为 maja a mu tshimono

maja a mu tshimono　腰部舞蹈，也被称为 maja a mu tshifuka

majina　舞伴

makayabo　马卡雅伯：咸鳕鱼

makemba　马肯巴：大蕉

Malala　马拉拉：各种可食用蚱蜢，也叫姆贝迪

mal zairois（le）　法语，扎伊尔之恶，也叫 les fleaux du Zaire，扎伊尔的灾难

mamu　母亲

manduwa　宗教秘密社团，崇拜伟大神灵莲贡贝

mankenene　红色、不可飞的食用蚂蚁，在土堆里生长，英语里叫作兵蚁

Manseba　男母亲：母亲的兄弟，舅舅

Matamba　马坦巴：木薯叶，是刚果最受欢迎的绿色蔬菜，也叫卡乐基或彭度

Matebo　亲戚的灵魂，他们曾在世碌碌无为

Mbala　姆巴拉：甜薯

mbenga　姆本嘎：mbenga wa tshiadi（胸前姆本嘎）的缩写，是一种陆图库舞蹈，双方舞者相互撞胸，也叫作 mbenga wa bana balela（正文里用的是 mbega wa bana balela）（姆本嘎单身者舞蹈）

menga　刚果语，血液的意思

meshi　梅什：可食用毛毛虫

mintuntu　闽屯图：最常见的可食用蟋蟀，也叫利可勒勒（likelele）

moyo　生命法则，是人作为精神实体的基本元素

mudibu　姆迪布：绿色蔬菜，南瓜叶

mudila-ntongolo　姆迪拉·恩通郭罗：昆虫鸣叫的月份，9月

mukaji　女人

mulembwa　姆伦布瓦：秋葵

Mulopwe Wa Bantu　庵巴酋长的头衔，意思是人民的首领

Mulume　姆卢梅：男性

Munyinyi　蒙尹伊：鲜肉

Mushipu　旱季

Muteta　姆特塔：绿叶蔬菜，苦叶

mutu wa mbuji　穆塔·瓦·姆布基：由山羊头做成的汤

mvul'a mbedi　mvula wa mbedi 的缩合形式，第一个雨季，9 月至 12 月

mwambe　姆万别：用干木薯叶做成的酱汁和花生糊炖的鸡肉

mwela　砍刀

ndoki　通过启示或显灵被赋予超自然力量的人，常被翻译成巫师或女巫

ndozi　梦

ndumba　妓女

ngabulira　恩嘎布里拉：谜语或字谜（珲德语）

nganda restaurants　恩甘达餐厅：位于金沙萨的人气小餐厅，提供刚果各地的传统食物

ngoma wa ditumba　皮鼓

nitu　刚果术语，对人的身体的一种尊称，将其视为神圣的实体

nkisi　被神秘地赋予了力量的物体（通常是偶像）

nkongoloja muana　手臂上的曲线，母亲将她婴儿抱在膝盖上时，将婴儿的脖子靠在手臂的曲线上休息

nsawu　卢巴母亲操办的婴儿欢迎仪式

nshima　恩什麻：用玉米粉混合木薯粉制成的淀粉食物，是卡塞的卢巴人的传统食物

nsonso malengela　恩松索·马楞戈拉：由穿着褶带的舞者表演的舞蹈

nsunza games 恩苏扎游戏：作家图可赞戈·扎蒙嘎笔下的下刚果地区年轻人的游戏晚会

nteta ne meshi 恩特塔·聂·梅什：一种由南瓜种子酱烧制的煮毛毛虫

pondu 木薯叶（刚果最受欢迎的绿色蔬菜），也称 matamba 或 kaleji

tatu mukaji 女爸爸：字面意思是女性父亲，是父亲的姐妹，姑妈

Tshibungu Mukaji 什本古·姆卡基：多云温凉之月，8 月

Tshibungu Mulume 什本古·姆卢梅：多云寒冷之月，7 月

Tshikala 卢巴权力等级中的副酋长，其职能是在酋长访问各地期间给予酋长及其随行人员款待

Tshikuna 什库纳：种地舞，一种流行舞蹈，舞者用他的右脚跟模仿农民播种时的样子

Tshimuku 什姆库：一种由甜土豆和干烤花生混合制成的蛋糕

Tshinkudimba 什库丁巴：像鸽子一样转圈运动；一个群体轮流协作；一个群体轮流捐款帮助他人，也叫利可勒博（likelembe）

Tshiongo wa Minanga 干旱月，1 月，也叫卡什普什普

Tshisanga 什桑嘎：什桑嘎·恩卡苏的缩略形式，组装、准备锄头的月份，5 月

Tshiswa Muene（正文里是 Tshiswa Munene） 大而丰满的棕色蚂蚁：大量棕色带翅蚂蚁出没的月份，12 月

Tshitekuteku 什特库特库：一种类似菠菜的绿色蔬菜，也叫比特库特库（复数）或楞嘎楞嘎

Tshivunga 珠裙：一种裙子

Tuleji 图勒基：卡乐基的复数形式，木薯叶，常用来代替比特库特库，泛指一般意义上的绿色蔬菜

Tulombo 图隆波：伴随着木琴的流行舞蹈

Tupelepela（正文里是 tupelepele） 图培雷培雷：1931 年班顿杜地区的彭德起义上发展起来的仪式

Twishi（正文里是 tuishi） 图伊什：昆虫

Ugali　乌嘎里：一种由玉米粉制成的淀粉食品

Vuvulu　躯体

Zones de squatting　蹲区

部分参考书目

奥奴卡利亚·阿德诺伊—喔霍：《木布迪》，纽约：波森出版集团，1996。

Adenoyi-Ojo，Onukalia. *Mbuti*. New York：Posen Publishing Group，1996.

非美研究院艺术表演项目。恩肯基扎伊尔剧院民族舞蹈：非洲歌舞剧。纽约：非美研究院，1981。

The African American Institute Performing Arts Program. *The National Dance Theatre of Zaire in Nkenge*：*An African Dance-Opera*. New York：African American Institute，1981.

国际特赦组织：《在扎伊尔的人权侵犯行为》，伦敦：大赦国际出版物，1980。

Amnesty International. *Human Rights Violations in Zaire*. London：Amnesty International Publications，1980.

乔治·巴兰迪尔：《刚果王国的日常生活：从 16 世纪到 18 世纪》，海伦·韦弗（Helen Weaver）翻译，伦敦：艾伦和安文出版社，1968。

Balandier，Georges. *Daily Life in the Kingdom of the Kongo*：

From the Sixteenth to the Eighteenth Century. Translated by Helen Weaver. London：Allen and Unwin, 1968.

希尔万·本巴编辑，《戏剧和政治：国际选集》，纽约：城市剧目剧院（Urban Repertory Theater），1990。

Bemba, Sylvain, ed. *Theater and Politics：An International Anthology.* New York：Urban Repertory Theater, 1990.

丹尼尔·P. 比布克：《来自扎伊尔的艺术：国家收藏的100 幅杰作》，纽约：非美研究院，1975。

Biebuyck, Daniel P. *Art from Zaire：100 Masterworks from the National Collection. New York：The African-American Institute, 1975.*

丹尼尔·P. 比布克：《英雄与酋长：班彦戈（*Banyanga*）扎伊尔共和国的史诗文学》，伯克利：加州大学出版社，1978。

——. *Hero and Chief：Epic Literature from the Banyanga Zaire Republic.* Berkeley：University of California Press, 1978.

丹尼尔·P. 比布克：《扎伊尔的艺术》，伯克利：加州大学出版社，1985。

——. *The Arts of Zaire.* Berkeley：University of California Press, 1985.

玛丽—特雷西·宾卡编辑，《非洲金属的艺术》，纽约：非美研究院，1982。

Brincard, Marie-Thérèse, ed. *The Art of Metal in Aafrica.* New York：The African American Institute, 1982.

罗伯特·O. 柯林斯编辑，"中非"，《中非和南非历史》，普林斯顿：马库斯·维纳出版社，1990。

Collins, Robert O. , ed. "Central Africa." In *Central and South African History*. Princeton：Markus Wiener Publishers, 1990.

约瑟夫·科内：《来自扎伊尔的艺术：国家收藏的 100 幅杰作》，伊尔文·赫穗（Irwin Hersey）翻译并作引言，纽约：非美研究院，1975。

Cornet, Joseph. *Art from Zaire*：*100 Masterworks from the National Collection*. Translation and Introduction by Irwin Hersey. New York：The African American Institute, 1975.

卡罗尔·博伊斯·戴维斯和安妮·亚当·戈拉弗编辑，《Ngambika（请帮我寻找平衡）：非洲文学中的女性研究》，特伦顿，新泽西州：非洲世界出版社，1986。

Davies, Carole Boyce, and Anne Adams Graves, eds. *Ngambika（Help Me to Balance this Load）*：*Studies of Women in African Literature*. Trenton, NJ：Africa World Press, 1986.

玛丽—博纳迪特·登伯：《回望比属刚果：对话和反省》，纽约：博甘书局，2000。

Dembour, Marie-Bénédicte. *Recalling the Belgian Congo*：*Conversations and Introspection*. New York：Berghahn Books, 2000.

热尼·德维希：《耶稣的掠夺：治愈教会和金沙萨的村镇化》，非洲：《国际非洲研究院杂志 66》，第 4 期（1996），555~585。

Devisch, René. "Pillage of Jesus：Healing Churches and the

Villagization of Kinshasa. " *Africa*：*Journal of the International African Institute* 66，no. 4（1996），555～585.

A. F. 德鲁戈斯：《危险之旅：扎伊尔基桑贾尼地区瓦戈尼亚男孩成人仪式的象征意义》，纽约：蒙顿出版社，1980。

Droogers，A. F. *The Dangerous Journey*：*Symbolic Aspects of Boys' Initiation among the Wagenia of Kisangani*，*Zaire*. New York：Mouton，1980.

约翰尼·法比安：《甲马阿：卡唐迦的克里斯马运动》，伊利诺伊，艾万斯顿：西北大学出版社，1971。

Fabian，Johannes. *Jamaa*：*A Charismatic Movement in Katanga*. Evanston，IL：Northwestern University Press，1971.

纳翰尼·法比安：《自由时刻：人类学和大众文化》，夏洛茨维尔：弗吉尼亚大学出版社，1998。

——. *Moments of Freedom*：*Anthropology and Popular Culture*. Charlottesville：University of Virginia Press，1998.

K. 起亚·奔塞基·福基尧：《姆本基：非洲传统政治制度》，马塞诸塞州，罗克斯布里：欧美纳纳出版社，1985。

Fu-Kiau，K. Kia Bunseki. *Mbongi*：*An African Traditional Political Institution. Roxbury*，*MA*：*Omenana*，*1985.*

K. 起亚·奔塞基·福基尧：《自愈能力与治疗：非洲老技艺》，纽约：万太基出版社，*1991*。

——. *Self-Healing Power and Therapy*：*Old Teachings from Africa*. New York：Vantage Press，1991.

约翰·希金森：《成长中的工人阶级：比利时殖民劳工政策、私营企业和非洲矿工，1901～1951》，麦迪逊：威斯康辛大学出版社，1989。

Higginson, John. *A Working Class in the Making*：*Belgian Colonial Labor Policy*，*Private Enterprise*，*and the African Mineworker*，1907 ~ 1951. Madison：University of Wisconsin Press，1989.

康斯坦斯·B. 希拉德编辑，《前殖民时期非洲的文化传统》，波士顿：麦格劳—希尔出版社，1998。

Hilliard, Constance B. , ed. *Intellectual Traditions of Pre-Colonial Africa*. Boston：McGraw-Hill，1998.

南希·罗斯·亨特：《殖民词库：有关刚果的出生仪式、医疗和社会变动》，达勒姆，北卡罗莱纳州：杜克大学出版社，1999。

Hunt, Nancy Rose. *A Colonial Lexicon of Birth Ritual*，*Medicalization*，*and Mobility in the Congo*. Durham，NC：Duke University Press，1999.

博龚米·朱希维琪：《当代卡唐迦的流行绘画：画家、观众、买家和社会环境》，《〈刚果纪事报〉：城市艺术中的帕特里斯·卢蒙巴》，B 朱希维琪编辑，13 ~ 28，纽约：非洲艺术博物馆，1999。

Jewsiewcki, Bogumil. "Popular Painting in Contemporary Katanga：Painters，Audiences，Buyers，and Sociological Contexts. " In *A Congo Chronicle*：*Patrice Lumumba in Urban Art*，ed. B. Jewsiewcki，13 ~ 28. New York：The Museum for African Art，1999.

曼纽尔·约旦编辑，《乔科维！乔科维人及相关民族的艺术和启蒙》，纽约：普莱斯特出版社，1998。

Jordan, Manuel, ed. *Chokwe*! *Art and Initiation among the Chokwe and Related Peoples.* New York：Prestel，1998.

托马斯·坎赞：《帕特里斯·卢蒙巴的兴衰：刚果的冲突》，罗彻斯特，福蒙特州：申克曼出版社，1994。

Kanza, Thomas. *The Rise and Fall of Patrice Lumumba*：*Conflict in the Congo.* Rochester, VT：Schenkman，1994.

戴安娜·卡永郭—马勒，菲利斯塔·奥仰郭：《非洲家庭社会学》，纽约：朗曼出版社（Longman），1984。

Kayongo-Male, Diane, and Philista Onyango. *The Sociology of the African Family.* New York：Longman，1984.

亨利·洛佩：《特里巴利克：当代刚果的故事》，由安德里亚·莱斯克斯翻译，朴茨茅斯，新罕布什尔州：海恩曼出版社，1987。

Lopès, Henri. *Tribaliks*：*Contemporary Congolese Stories.* Translated by Andrea Leskes. Portsmouth，NH：Heinemann，1987.

帕特里斯·卢蒙巴：《刚果，我的国家》，由格雷厄姆·希思翻译。纽约：普雷格出版社，1966。

Lumumba, Patrice. *Congo*，*My Country.* Translated by Graham Heath. New York：Praeger，1966.

怀亚特·麦克戈弗里：“中部班图的血统结构、婚姻和家庭”，《非洲历史期刊》第 24 期（1983）：173～187。

MacGaffey, Wyatt. "Lineage Structure, Marriage and the Family amongst the Central Bantu." *Journal of African History* 24

（1983）：173～187。

怀亚特·麦克戈弗里：《刚果先知：多元社会中的宗教》，布卢明顿：印第安纳大学出版社，1983。

——. *Modern Kongo Prophets：Religion in a Plural Society.* Bloomington：Indiana University Press，1983.

雅克·马盖：《非洲文明》，纽约：牛津大学出版社，1972。

Maquet, Jacques. *Civilizations of Africa.* New York：Oxford University Press，1972.

菲利斯·马丁：《殖民地布拉柴维尔的休闲与社会》，纽约：剑桥大学出版社，1995。

Martin, Phyllis. *Leisure and Society in Colonial Brazzaville.* New York：Cambridge University Press，1995.

约翰·S. 姆比替：《非洲宗教与哲学》，第2版，朴茨茅斯，新罕布什尔州：海恩曼出版社，1990。

Mbiti, John S. *African Religions and Philosophy.* 2nd ed. Portsmouth，NH：Heinemann，1990.

托马斯·罗斯·米勒："文化点滴：乐器和音乐的变迁"，《反思非洲：来自扎伊尔东北部的艺术》，E·施德克劳特和C. A. 凯姆编辑，209～215。华盛顿特区：美国国家历史博物馆，1990。

Miller, Thomas Ross，"Collecting Culture：Musical Instruments and Musical Change."In *African Reflections：Art from Northeastern Zaire*，ed. E. Schildkrout and C. A. Keim，209～215. Washington，DC：American Museum of Natural

History，1990.

V. Y. 穆迪贝：《寓言与谚语：中部非洲的评注、文本和政治》，麦迪逊：威斯康辛大学出版社，1991。

Mudimbe，V. Y. *Parables and Fables：Exegesis：Textuality，and Politics in Central Africa.* Madison：University of Wisconsin Press，1991.

T. D. 孟盛马：《独立和社区精神》，华盛顿特区：独立教育研究所，1988。

Mukenge，Tshilemalema. *Independence and the Spirit of Community.* Washington，DC：Institute for Independent Education，1988.

原始艺术博物馆：《非洲国家的传统艺术》，纽约：大学书屋，1961。

The Museum of Primitive Art. *Traditional Art of the African Nations.* New York：University Publishers，1961.

杰克·E. 尼尔森：《基督教传教活动和社会转型：扎伊尔东部的冲突与变迁史》，纽约：普雷格出版社，1992。

Nelson，Jack E. *Christian Missionizing and Social Transformation：A History of Conflict and Change in Eastern Zaire.* New York：Praeger，1992.

丫·卢邦郭·恩云达："在历史和神话的十字路口的帕特里斯·卢蒙巴"，《〈刚果纪事报〉：城市艺术中的帕特里斯·卢蒙巴》，B. 朱希维琪编辑，43～57。纽约：非洲艺术博物馆，1999。

Nyunda，ya Rubango. "Patrice Lumumba at the Crossroads

of History and Myth. " In *A Congo Chronicle*: *Patrice Lumumba in Urban Art*, *ed. B. Jewsiewcki*, *43 ~ 57. New York*: *The Museum for African Art*, *1999.*

杰弗里·帕林德:《非洲神话》,伦敦:保罗·汉林出版社,*1967*。

Parrinder, *Geoffrey. African Mythology.* London: Paul Hamlyn, 1967.

菲利普·M. 皮克编辑,《非洲占卜:知悉之方法》,布卢明顿:印第安纳大学出版社,1991。

Peek, Philip M. , ed. *African Divination Systems*: *Ways of Knowing.* Bloomington: Indiana University Press, 1991.

罗宾·婆伊诺:"东刚果盆地",《非洲艺术史》,莫妮卡·布莱姆·维索纳、罗宾·婆伊诺、赫伯特·M·科尔和迈克尔·D·哈里斯编辑,412 ~ 437。上萨德勒河,新泽西州:普兰特斯—霍尔出版社,2000。

Poynor, Robin. "The Eastern Congo Basin. " In *A History of Art in Africa*, ed. Monica Blackmun Visonà, Robin Poynor, Herbert M. Cole, and Michael D. Harris, 412 ~ 437. Upper Saddle River, NJ: Prentice-Hall, 2000.

罗宾·婆伊诺:"西刚果盆地",《非洲艺术史》,莫妮卡·布莱姆·维索纳、罗宾·婆伊诺、赫伯特·M·科尔和迈克尔·D·哈里斯编辑,366 ~ 411。上萨德勒河,新泽西州:普兰特斯—霍尔出版社,2000。

——. "The Western Congo Basin. " In *A History of Art in Africa*, ed. Monica Blackmun Visonà, Robin Poynor, Herbert

M. Cole, and Michael D. Harris, 366 ~ 411. Upper Saddle River, NJ: Prentice-Hall, 2000.

F. 杰弗里斯·拉姆齐:"刚果民主共和国(刚果金沙萨: 曾叫扎伊尔)",《全球研究:非洲》,81 ~ 87,第 8 版。吉尔福德,康涅狄格州:杜什金/麦格劳—希尔出版社,1999。

Ramsay, F. Jeffress. "Democratic Republic of the Congo (Congo Kinshasa: formerly Zaire)." In *Global Studies: Africa*, 81 ~ 87. 8th ed. Guilford, CT: Dushkin/McGraw-Hill, 1999.

本杰明·C. 雷:《非洲宗教:象征、仪式和社区》,第 2 版。上萨德勒河,新泽西州:普兰特斯—霍尔出版社,2000。

Ray, Benjamin C. *African Religions: Symbol, Ritual, and Community.* 2nd ed. Upper Saddle River, NJ: Prentice-Hall, 2000.

S. N. 桑姆加姆:《伪资本主义和过度政治化的国家》,布鲁克菲尔德,福蒙特州:阿什戈特出版社,1994。

Sangmpam, S. N. *Pseudocapitalism and the Overpoliticized State.* Brookfield, VT: Ashgate, 1994.

迈克尔·G. 萨茨伯格:《扎伊尔的压迫辩证法》,布卢明顿:印第安纳大学出版社,1991。

Schatzberg, Michael G. *The Dialectics of Oppression in Zaire.* Bloomington: Indiana University Press, 1991.

艾尼德·施德克劳特,科替斯·A·凯姆:《反思非洲:扎伊尔东北艺术》,西雅图:华盛顿大学出版社,1990。

Schildkrout, Enid, and Curtis A. Keim. *African Reflections: Art from Northeastern Zaire.* Seattle: University of Washington

Press，1990.

鲍勃·F. 斯科特：《刚果民主共和国（扎伊尔）历史辞典》，兰汉，马里兰州：斯凯尔克罗出版社，1999。

Scott，Bob F. *Historical Dictionary of the Democratic Republic of Congo（Zaire）*. Lanham，MD：Scarecrow Press，1999.

凯文·诗林通：《非洲史》，修订版，纽约：圣马丁出版社，1995。

Shillington，Kevin. *History of Africa.* Rev. ed. New York：St. Martin's Press，1995.

亚历山大·西：《厄飞人：伊图里雨林的人们》，纽约：狄龙出版社，1993。

Siy，Alexandra. *The Efe：People of the Ituri Rain Forest.* New York：Dillon Press，1993.

普拉希德·唐培：《班图人的哲学》，巴黎：非洲风采出版社，1959。

Tempels，Placide. *Bantu Philosophy.* Paris：Présence Africaine，1959.

罗伯特·法里斯·汤普森：《太阳的四个时刻：两个世界中的刚果艺术》，华盛顿：国家美术馆，1981。

Thompson，Robert Farris. *The Four Moments of the Sun：Kongo Art in Two Worlds.* Washington，DC：National Gallery of Art，1981.

让·奥马松波·熊达："青年时期的帕特里斯·卢蒙巴"，《〈刚果纪事报〉：城市艺术中的帕特里斯·卢蒙巴》，B 朱希维琪编辑，29～41。纽约：非洲艺术博物馆，1999。

Tshonda, Jean Omasombo. "Patrice Lumumba's Youth. " In *A Congo Chronicle*: *Patrice Lumumba in Urban Art*, ed. B. Jewsiewcki, 29 ~ 41. New York: The Museum for African Art, 1999.

联合国教育、科学和文化组织（UNESCO）："撒哈拉以南非洲文化区域的特点和共性"，《非洲文化介绍系列之七》，巴黎：联合国教科文组织，1985。

United Nations Educational, Scientific, and Cultural Organization（UNESCO）. *Distinctive Characteristics and Common Features of African Cultural Areas South of the Sahara*. Introduction to African Culture Series no. 7. Paris: UNESCO, 1985.

简·凡西纳：《草原王国》，麦迪逊：威斯康辛大学出版社，1968。

Vansina, Jan. *Kingdoms of the Savanna*. Madison: University of Wisconsin Press, 1968.

简·凡西纳：《草原王国》，《非洲历史中的问题：前殖民时期的几个世纪》，罗伯特·O·柯林斯编辑，115 ~ 120。纽约：马库斯·维纳出版社，1994。

——. "Kingdoms of the Savanna. " In *Problems in African History*: *The Precolonial Centuries*, ed. Robert O. Collins, 115 ~ 120. New York: Markus Wiener Publishing, 1994.

维尼菲尔德·科勒斯伯格·瓦什：《在美国说班图语的人的文化遗产》，洛杉矶：加州大学，非美研究中心，1979。

Vass, Winifred Kellersberger. *The Bantu Speaking Heritage of the United States*. Los Angeles: University of California, Los

Angeles，Center for Afro-American Studies，1979.

维索纳，莫妮卡·布莱姆，罗宾·婆伊诺，赫伯特·M·科尔和迈克尔·D·哈里斯编辑，《非洲艺术史》，上萨德勒河，新泽西州：普兰特斯—霍尔出版社，2000。

Visonà，Monica Blackmun，Robin Poynor，Herbert M. Cole，and Michael D. Harris，eds. *A History of Art in Africa.* Upper Saddle River，NJ：Prentice-Hall，2000.

罗纳尔多·S. 维弗：《扎伊尔传统的节育方法》，Pathpapers 系列序列 4，帕斯帆德基金会，1978 年 12 月。

Waife，Ronald S. *Traditional Methods of Birth Control in Zaire.* Pathpapers Series Number 4. The Pathfinder Fund，December 1978.

章塞勒·威廉姆斯：《黑人文明的毁灭：一个种族的大问题，从公元前 4500 年到公元 2000 年》，芝加哥：第三世界出版社，1987。

Williams，Chancellor. *The Destruction of Black Civilization：Great Issues of a Race from 4500 B. C. to 2000 A. D. Chicago：Third World Press，1987.

约翰·查尔斯·约德：《扎伊尔的坎由克人：一种制度和意识形态的历史，直至 1895 年》，纽约：剑桥大学出版社，1992。

Yoder，John Charles. *The Kanyok of Zaire：An Institutional and Ideological History to 1895.* New York：Cambridge University Press，1992.

克劳福德·杨：《刚果的政治》，普林斯顿，新泽西：普林斯顿大学出版社，1965。

Young, Crawford. *Politics in the Congo*. Princeton, NJ: Princeton University Press, 1965.

索　引

（索引所标页码为原书页码，见正文页边。）

关于作者

T. D. 孟盛马（TSHILEMALEMA MUKENGE）是佐治亚州亚特兰大市莫里斯·布朗学院非洲研究系的教授。他曾公开发表关于刚果卢巴人的宗教和家庭的主要研究，并继续研究和撰写有关管控政策、小型企业和刚果城市的生存策略等主题。他目前的研究活动还包括研究非洲对巴西非洲裔的文化和历史的影响。